墨人 著

本全集保留作者手批手稿

墨人博士作品全集【全60冊】

第二十冊 白雪青山2

文史哲出版社印行

白雪青山 第二冊 目次

第二十三章　愛物愛人愛明月　管山管水管清風

晚上，月仙畫了一幅竹子之後，要我和她下盤棋，我欣然同意，因為我們聽京戲唱片的時候多，下棋的時候少，實在辜負了慧真方丈的雅意。

月仙剛把棋盤拿出來，棋子尚未擺好，就聽見門前小溪中青蛙嘓嘓叫。門前小溪中有青蛙，這是第一次發現，因為距離近，比遠處的青蛙叫得更響亮親切。

月仙笑著站起來，拉著我走到窗前，把窗葉推開，伏在窗上傾聽。

夜，一片漆黑，濃密的樹木竹林，更加深了夜的色調。天上偶爾有幾點疏星閃爍，山上只有馬蘭的房子和心園透出燈光，但照不穿夜的黑幕。

嘓嘓的蛙聲，卻衝破了夜的沉靜。

山上青蛙不像平地那麼多，那麼喧鬧，溪澗邊的少數青蛙，叫起來錯落有致，剛好去掉了那份嘈雜。

我們靠在窗上聽了好久，忘了下棋，也忘了睡覺。

「何先生，您們還沒有睡覺？」老王在黑暗的院中發問。

「老王，怎麼你也沒有睡？」我反問他，他一向睡得比我們早。

老王走近窗前，走到燈亮中，笑著對我們說：

「青蛙嘓嘓叫，吵得我睡不著覺。」

「老王，你險些嚇我一跳，」月仙笑著接腔：「你一個人站在院子裏不怕？」

「嗨！」老王咧咧嘴：「我老王是天不收的，什麼也不怕，您們想不想吃青蛙肉？我可以去抓。」

「青蛙很會跳，你怎麼抓得著？」我說。

「嗨！」老王又嗨了一聲：「您不知道青蛙有多蠢？手電一照，牠就瞪著兩隻眼睛發呆，手一伸，抓死的。」

我很想和老王一道去，看看他是否真能抓到青蛙？月仙把我拉住，笑著對老王說：

「老王，我不想吃青蛙肉，你不要白白地害了牠的性命。」

「嗨！青蛙就是田雞，好吃得很！比子雞還鮮還嫩。放下這種美味不吃，難道您還想吃龍肉不成？」老王聳恿地說。

「算了，老王，你聽，牠們叫得多好聽，你忍心吃牠們？」

「說實在話，牠們吵得我睡不著覺，所以我才發狠心。這東西也是多子多孫，日後可夠您聽的。」

「老王，我不怕吵，我喜歡這種聲音。」

「好，那就依您吧！」老王點點頭：「我老王也修修來生。」

「老王，你要不要安眠藥？我倒可以給你一顆。」我說。

「算了，」老王搖搖手：「聽說那東西會上癮的，我還是多唸幾聲阿彌陀佛吧！」

老王笑著轉進房去，我聽見他關門的聲音。

「老王應該有個老伴兒才好！」月仙同情地說。

「五十好幾的人了，談何容易？」我說。以老王的年齡來說，該做祖父，以老王的經濟情況來講，也不會富裕，四十以上的寡婦不會再嫁，黃花閨女更不會嫁他，這個伴兒又到那裏去找？

「不管是男的女的，一個人孤孤單單總是怪可憐的。」月仙輕輕撫摸我的手背。

「我們住在這裏，老王還好一點，他一個人那份寂寞淒涼是真夠受的。」我說。

「青山作伴本來是好的，」月仙悠悠地說：「但是如果能像顏先生顏太太一樣，再加上青山，那就更好了。」

「那要幾世才能修到？」我笑問月仙。

她輕輕一歎，把我輕輕一拉，拉在沙發上坐下，把棋子擺好，向我一笑：

「請吧。」

我的棋雖然不行，但比月仙略勝半籌，我不動手讓她先走。她笑著說了一聲「對不起」，就架起當頭砲來。

「妳怎麼這樣心狠手辣？」我笑著說。因為她很少來這一手。

她嗤的一笑，又輕輕地對我說：

「今天要翻本，先給點顏色你看看！」

我完全沒有當回事。想不到她步步進逼，著著得手，使我只能招架，無法還手，這盤棋雖然拖了不少時間，但我始終無法挽回劣勢。走到最後，我的棋子犧牲大半，還被她將了一軍。

我看看雙方的棋勢，她多了我一馬一炮，如無奇兵突出，這盤棋是輸定了。我正苦思如何起死回生，以奇制勝？她卻笑著雙手在棋盤上一拂一抹，把我們兩人的棋子弄得稀亂，同時風趣地說：

「給我點兒面子，讓我和一盤好了。」

我不覺失笑，把手上的車往她手上一塞：

「妳讓我有臉下臺，我甘拜下風。」

她倒在我懷裏吃吃地笑，又附著我的耳朵輕輕地說：

「謝謝你高抬貴手。」

我們在嘓嘓的蛙聲中結束了這盤棋，又在嘓嘓的蛙聲中悠然入夢。

清早起來，我和月仙又照常先到院中散步，地是濕的，樹木的葉子上還滾著盈盈的水珠。

「昨夜又下雨了？」月仙望著我說。

「老規矩，白天和風，晚上細雨。」我說。

「天也是有情天，一陣眼淚，一場歡笑。」

這樣風調雨順的天氣實在難得，山上的新竹子已經成林，不再是膽怯的小姑娘，而是亭亭玉立的少女了。杜鵑花已經完全凋謝，而院子裏的芍藥正在開放，葉子一片濃綠，花朵又大又豔，一副少奶奶的派頭。

月仙愛花，對於芍藥也很欣賞。她蹲下來以手托著那肥碩的紫紅色的花朵，撫弄了一會兒。她忽然想起《坐宮》裏鐵鏡公主所唱的那段戲詞，不禁輕輕地哼了起來：

「芍藥開，牡丹放，花紅一片……豔陽天，花似錦，百鳥聲喧……。」

「妳這真是現買現賣。」我開玩笑地說，因為最近幾天她才將那段戲詞聽熟。

「借花獻佛，剛好應個景兒。」她向我輕輕一笑。

「神來之筆，恰到好處。」我說。這幾句戲詞對於眼前的情景真是再恰當沒有。

月仙笑著站起來，立刻發現馬蘭父女在溪澗邊散步。她把我輕輕一拉，用手一指，我跟著她向他們父女兩人走了過去。他們看見我們非常高興，馬林斯基雙手一揚，打了個響亮的哈哈；馬蘭向我們跑來，雙手把月仙一抱。

馬林斯基向我們說了一聲「早」，又向月仙道謝。他的精神很好，只是頭髮很亂，滿臉鬍鬚，除了眼睛鼻子之外，幾乎看不見皮膚。

我們是第一次在一塊散步，沿著小溪走，走到火蓮院、圖書館才回頭。

馬林斯基喜歡講話，但是年紀大了，缺少章法，講中國話又辭不達意，常常弄得我們莫名其妙。馬蘭拿著我的手杖，在路邊草裏亂打，躲在草裏的青蛙驚駭得紛紛跳下水去。她看見牠們那麼慌慌張張的樣子不時發笑。馬林斯基對她說：

「索非亞，不要太野，把手杖還給何先生。」

她望了我一眼，回頭對他父親說：

「何先生還沒有到拄拐棍的年齡。」

馬林斯基笑著搖搖頭，我也不好說什麼，直到我們分手時，她才把手杖交給我。

因為天氣好，月仙想去太乙莊看看顏先生夫婦。我也想邀顏先生一道去遊五老峰、三疊泉，從他們那邊去很方便，所以吃過早飯我們就一道去太乙莊。

我們一到，他們兩夫婦就眉開眼笑。顏太太簡直把月仙當作自己的女兒，她戴上老花眼鏡，將月仙看了又看，問了再問，最後還打趣地向我一指：

「他該沒有虐待妳吧？」

月仙望著我笑，她又指著顏先生對月仙說：

「他就常常虐待我。」

「你們來得正好，我可以喊冤了。」顏先生笑著接腔。

「顏先生，我們不是來聽你喊冤，我們是邀您去遊五老峰、三疊泉的。」我說。

「你沒有去過？」顏先生笑著問我。

「我是去過了，她沒有去過。」我指著月仙說。

「好，我就陪你們去一趟。」顏先生爽朗地說。

「您去不去？」月仙問顏太太。

「妳看我這雙腳，」顏太太指指自己的小腳，又指指顏先生說：「要是他不存好心，把我丟在五老峰，那怎麼辦？」

「我牽您回來好了。」月仙笑著回答。

「不行，」顏太太笑著搖搖頭：「翻山越嶺，妳自己爬上爬下都是難的，還能牽我這個累贅嗎？」

「您去過沒有？」月仙問她。

顏太太還沒有來得及回答，顏先生卻搶著說：

「廬山的名勝她差不多玩遍了，有我去的地方還少得了她？不過她的架子大，沒有轎子不去，那像我們光靠兩條腿？」

「你別冤我好不好？」顏太太把小腳輕輕一提：「如果不是這雙殘腳，你上天我也上天，你下地我也下地，我才不會輸你。」

「她是癩蛤蟆鼓氣，死也不服輸。」顏先生指著顏太太說。

顏太太嗤的一聲，像燒著引線一樣，我也跟著笑了起來。

顏太太不去，我們就早點動身。顏先生一身藍布大褂，一根籐杖，頭上戴著一頂斗笠。

「這麼好的天，您戴斗笠幹什麼？」我笑著問他。

「賢弟，你不知道它的妙處，它既可以防雨，又可以遮太陽。我看你也戴上一頂好了！」

說著他立即遞了一頂給我。隨後又望望月仙，笑著問：

「妳怎麼辦？也戴點什麼？」

月仙笑著搖搖頭，說不必戴什麼，顏太太卻接著說：

「他們男人臉皮厚，曬曬太陽倒不要緊，妳這樣細皮白肉，怎麼能科頭曬？」

她說得我們都笑了起來，她卻風擺柳地走進去拿了一頂女用舊草帽出來，遞給月仙說：

「這是我老太婆戴的，妳就將就一下吧！」

月仙說了一聲謝謝，把草帽戴在頭上，她又替月仙繫好帶子，退後兩步，端詳一下，慈祥地說：

「妳怎麼打扮都好，舊草帽也壓不住妳的秀氣，真奇！」

「想妳當年，也有幾分近似。」顏先生望著顏太太說。

「你是高帽子店，我老太婆可不買你的。」顏太太側過頭來瞪了他一眼。

我和月仙忍不住同時笑出聲來。顏先生笑著把我一拉，大步跨了出來，輕輕地說：

「想不到我拍到馬蹄上去了！」

我爆發出幾聲大笑，月仙笑彎了腰，顏太太扶著她走出來，把月仙交給我，慈祥地說：

「你們早去早回，我在家裏替你們準備飯菜。」

我和月仙連忙婉謝，她笑著對顏先生說：

「你帶他們兩位出去，一定要帶他們回來。」

顏先生不作聲，拉著我走，我們走到草亭旁邊，他才搖頭一笑：

「我這位老太婆實在厲害，幾十年了，我就沒有討過一次便宜，出門時還要扣我一頂帽子。老弟，你看，等會兒你們跟不跟我回來？」

我們只好說等會兒看情形決定。

我們從七里衝、青蓮谷直趨五老峰之背。五峰綿延，欲斷還續，和從山南所看的峭壁萬仞的情形完全不同，峰背沒有高大的樹林，只有一片草地，和一些兩三尺高的盤曲的怪松。

我們在第二峰的「待晴亭」休息了一會兒，便到峰側看看五老洞，洞由兩塊巨石合掌而成，洞口刻了「萬古雲霄」四個字，口太狹窄，我沒有進去，直到險峻的第三峰。登上峰頂，面對鄱陽湖，極目千里，一無遮欄。雖是風和日麗的天氣，我們三人立在峰頂都衣袂飄飄，彷彿會隨風而去。峰頂上有「日近雲低」、「星聚層巒」、「去天尺五」、「俯視大千」等石刻。盛夏峰頂常有雲霧繚繞，時聚時散，大雨常隨雲霧而至，所以有「待晴亭」避雨。

月仙的大草帽邊沿常常被風掀起，藍士林布旗袍的下襬也飄飄欲飛，她雙手按住草帽，生怕吹掉。

我的斗笠戴不穩，索性取了下來。

第四峰最高，有小徑銜接第五峰，三疊泉就在第五峰的東面。

我們在五老峰頂盤桓了一會兒，胸襟開闊了許多。

「孔子登泰山而小魯，我們登五老而小天下。」顏先生豪放地說。

一陣雲霧突然從峭壁那邊湧了上來，立刻把我們罩住，細雨霏霏，我連忙把斗笠戴上，牽著月仙跟隨顏先生走進「待晴亭」躲避。

亭子在雲霧裏，我們也在雲霧裏。

「不識廬山真面目，只緣身在此山中。」月仙望著洶湧的灰濛濛的雲霧，輕輕地說。

「一到夏天，我的太乙莊就經常在雲霧裏。」顏先生說。

「那很有趣！」月仙說。

「就是弄得我糊裏糊塗，不辨東西。」顏先生笑著說。

我們在「待晴亭」坐了大約一盞茶的工夫，又雲散雨收，青天麗日，獅子、金印、石船、凌雲、旗竿等五小峰，像淋浴後的美人，更加好看。

「廬山的雲霧真奇，來得突然，去得也快。」步出「待晴亭」，月仙望望四周，青山如畫，欣喜地說：

「要真正到了夏天，妳才能領略到廬山的雲霧變化無窮。」顏先生戴上斗笠，大步跨了出來。

他的精神很好，遊興正濃，走山徑小路也是健步如飛。他出了「待晴亭」，帶我們去三疊泉，循澗東行，小徑邊草深沒脛，我牽著月仙，跟在顏先生後面，月仙輕輕地對我說：

「請顏先生走慢一點兒好不好？」

我把月仙的意思轉告顏先生，顏先生止步回頭，笑著把籐杖在地上一擣：

「真抱歉，我走路就是這麼急急風。」

「顏先生，不怪您走得太快，只怪我走得太慢。」月仙笑著說。

「妳也不慢，比我那位三寸金蓮快多了。」顏先生風趣地說。

月仙望著我一笑。

小路曲折崎嶇，再往前走，顏先生要快也快不了。我們先到達九疊屏上的鷹嘴峰，這裏距三疊泉不過數丈遠，在「會仙亭」可以俯瞰三疊泉，但三疊泉全長一千二百尺，又是三起三疊，從上向下看，不如從下向上看，因此我們又循小徑而下三疊谷，找了一個最理想的地方觀看。

我和顏先生把斗笠墊在一塊大青石上坐，因為青石上非常潮濕。月仙看我們這樣作，她也把草帽墊著坐。我們坐的地方離第三疊有十來丈遠。

第一疊水勢不大，從山頂冉冉而下，如絲如絮，流注在大盤石上，水石相擊，迴旋作態，然後奔騰而下，珠迸玉碎，跌在第二級盤石上，匯成巨流，再沿懸崖直下，如千軍萬馬，雷霆齊發，轟轟不絕，銀白的泉水跌在第三級石潭上，如一大鍋沸水，晝夜翻騰，千年不息。

泉水雖然濺不到我們身邊，寒氣卻刺入肌膚。月仙不自覺地瑟縮起來，而且靠緊我。

「我忘記要妳加件衣服，」顏先生看月仙有點怕冷，笑著對月仙說：「妳要是抵不住，我們就早點走。」

「不要緊，」月仙搖搖頭：「這是天下第一泉，我們多看一會兒。」

水聲很大，月仙的聲音顯得更小，但顏先生坐得近，還是聽清楚了，他笑著點點頭，又對月仙說：

「妳的雅興不淺，我唸首詩給妳助助興好不好？」

月仙笑著點點頭，顏先生立刻以那清亮的聲音唸了出來：

飛流直下總雷同，別掤奇觀五老東。
似有哀猿啼峽雨，惜無高閣聽松風！
神仙自戲青冥上，珠玉應生曲折中。
俯視更須臨絕頂，芙蓉天半路蠶叢。

「顏先生，這是不是你的大作？」月仙笑問。

「我寫不出這樣的詩來，」顏先生客氣地說：「這是清朝閔麟嗣寫的。」

隨後他又告訴我們說，李白曾在上面的屏風疊隱居。屏風疊鐵壁九疊如屏，削立天半，飛霞疊翠，如裂雲錦，所以李白詩有「屏風九疊如雲錦」和「且隱屏風疊」之句，再加上他的〈五老峰〉詩「廬山東南五老峰，青山削出金芙蓉，九江秀色可攬結，吾將此地巢雲松。」可以證明他在這裏住過，詩也不是胡扯的。

月仙聽顏先生講完了李白的故事和詩之後，笑著對顏先生說：

「顏先生，可惜我們生得太晚了，不然可以和李白見見面，談談天。」

「妳的想法很妙，」顏先生向月仙一笑：「也許千百年後，別人看到妳的大作，也會有這種想法。」

「顏先生，我這個俗人就是在這裏住一輩子，後人也不會知道，除非叨您的光。」月仙笑著回答。

「好，」顏先生用手杖指著九疊屏，風趣地說：「那我們爬上九疊屏，在青石上刻幾個大字，說我們三人『到此一遊』，那就可以流傳千古了。」

我們三人相與大笑，但三疊泉轟轟的水聲卻把我們的笑聲淹沒了。

在九疊谷坐久了月仙終於抵不住三疊泉的寒氣，顏先生首先起立，我們跟著他循原路爬上九疊屏，爬上鷹嘴峰，在東方寺休息了一會兒，喝了一碗熱茶，驅驅寒氣。

我們循原路回到含鄱口，時間已經不早，肚子裏早就唱空城計，這裏去心園遠，去太乙莊近，所以我們就和顏先生一道去太乙莊吃飯。

顏太太看見我們和顏先生一道回來，笑著誇獎了顏先生一句：

「總算不辱使命。」

「閫命豈敢違？」顏先生笑著取下斗笠，顏太太馬上接了過去。同時把我的斗笠和月仙的草帽一起收走，月仙要幫她一下她都不肯。

顏先生也餓了，他忙著開飯，我和月仙也一起動手，顏太太雖然沒有殺雞，還是炒了一盤雞蛋，一盤嫩豌豆莢，另外備了幾樣家常菜。山上生活清淡，腐乳、醃菜，在這種青黃不接時自然是少不了的。

飢者易為食，這頓飯卻比上次的清燉雞吃得更有味。

飯後我們和顏先生、顏太太在太乙莊門口的空場上閒聊。他們種的蠶豆豌豆、豆莢纍纍，不久就可以收割了。

顏太太已經孵出一窩小雞，老母雞帶著小雞在我們腳邊轉來轉去，非常有趣，月仙想抓一隻小雞在手上玩玩，卻被老母雞啄了一嘴，那隻老母雞兇得很，碰都不讓她碰一下。

「我家是雞婆還年，妳要小心點兒。」顏先生笑著對月仙說。

月仙笑著望了顏太太一眼，顏太太向她一笑，輕鬆地說：

「我家老公雞只管吃管睡，管山管水管清風，很會享福。」

我和月仙笑了起來，顏先生也不覺失笑。

我們直坐到太陽下山，才戀戀不捨地離開太乙莊，走到盧林時已經暮色蒼茫，一踏上心園門口的小橋，就聽見嘓嘓兩聲蛙叫，彷彿歡迎我們似的。

第二十四章 黃龍寺高僧贈畫 觀音閣小尼思凡

我和月仙憑窗閒眺，忽然發現了緣走上了小橋。他的頭皮青得發亮，一襲灰衣顯得越來越短，他的身體越來越結實，個子雖然不高，卻比一般莊稼漢還要強壯。黃龍寺的十多個和尚，沒有一個人有他這樣好的身體。

他一手提著一個篾簍子，一手握著一個紙捲兒，跳跳蹦蹦地爬上石級，我們正想叫他，他一抬頭看見了我們，馬上嘴一咧，雙手向上一舉，快步跑了上來，像猴子一般敏捷。

我們在門口接到他，原來他提的是一簍鹽漬熟筍乾，紙捲兒捲著的不知是什麼？

「這都是師父打發我送給你們的。」他和我們一道走進書房，一面說。「今年的筍乾特別好，喝雲霧茶，吃筍乾，嘿！那真是一等一！」

月仙指指筍乾笑著問他：

「筍乾是誰做的？」

「師父教我做的。」他得意地回答。

「謝謝你，了緣。」月仙說。

「不要謝我，這是師父對您們的一片心意。」了緣坦率地說。

「謝謝你師父。」我對了緣說。

「嘿！您們真多禮。」

月仙把紙捲兒打開，原來是一幅直條山水。慧真另外附了一張短箋：

昨夜興起，繪成山水一幅，信手塗鴉，

專呈

雅正，幸勿見笑。

何古兩大居士

釋慧真合十

「他畫得這麼好，我們怎麼敢笑？」月仙看完了紙條又望望畫，欣喜的說。

慧真的畫是天才功力兼而有之，他這幅山水並非取材於廬山某一處風景，卻將廬山的峻秀和人生境界融化於這幅畫中，的確是神來之筆。

我們在欣賞畫，了緣望著我們渾笑，終於忍不住說：

「紙上的青山又不能當飯吃，你們怎麼這樣入迷？」

「了緣，這是你師父的傑作。」月仙笑著回答。

「妳也嚐嚐筍乾看？」了緣笑著把筍乾簍子打開，取出一片，遞給月仙：「筍乾不會比畫差，畫再好也不能吃。」

「了緣，你是不是怪我們冷落了你做的筍乾？」月仙接過筍乾笑著問他。

「那倒不敢，」了緣不好意思地說：「我不過是請你們嚐嚐筍乾的味道。」

月仙撕了一半筍乾給我。又撕了一小片放進嘴裏，嚼了一會，向了緣一笑：

「了緣，筍乾做得真好！」

了緣馬上得意起來。我也咬了一口嚐嚐，真鮮！我不住點頭，了緣更得意地說：

「我說了喝雲霧茶，吃筍乾是一等一吧？」

「了緣，可惜我們沒有雲霧茶。」月仙笑著說。

「遲點師父會送的，我已經採了一批葉尖子。新茶葉，好泉水，嘿！真是清甜清香，說不像的好！」

「了緣，你這麼一說我的口水都快流出來了。」月仙笑著對了緣說。

「妳說笑話？逗我？」了緣笑著望望月仙，又望望我。

「是真的，我的口水也快流出來了。」我說。

「那我早點送來好了。」了緣渾然一笑。

老王送了一杯茶進來，遞給了緣，了緣受寵若驚地雙手接住，望了他一眼，月仙連忙介紹了一下，同時把一簍筍乾遞給老王，請老王收下。

「老王，這是他送給我們的，你嚐嚐看，味道真好。」月仙說。

「不，是我師父送的。」了緣馬上更正月仙的話。

老王笑著取出一小片筍乾，咬了一口，嚼了幾下，向了緣點點頭：

「不錯！黃龍寺的東西真是有名有實，不是白布招兒。少師父，不知道你肯不肯傳我幾手兒？」

「對不起，黃龍寺的方子不傳在家人。」了緣抱拳回答。

「了緣，你教教老王又有什麼關係？」我笑著說。

「何先生，」了緣向我一笑：「如果黃龍寺的祕方都傳給在家人，那我們和尚吃什麼？」

我們聽了都好笑，月仙笑著對了緣說：

「了緣，你一點不渾嘛！」

「嘿！」了緣把腳輕輕一頓：「這是衣食父母，師父什麼都不傳我，就只傳我這兩手絕招兒，妳說我怎麼能再傳給外人？」

我和老王都笑了起來，月仙一手扶著書桌子，一手撫著胸口，笑得身體打顫。

「少師父，你這是老實話。」老王對了緣說：「我老王絕不奪你的飯碗。」

「要是我會做法事，我也不在乎這兩手兒。」了緣抱歉地說。

隨後他咕嚕咕嚕地喝完了蓋碗裏的茶，把碗往茶几上一放，向我們告辭。月仙要他等一下，連忙跑進臥室，拿出棋盤棋盒，又塞了一塊大頭給他。

「這怎麼好意思？」了緣握著大頭兩眼怔怔地望著月仙。

「他們兩位向來不虧待別人，少師父，你收下來好了。」老王說。

了緣紅著臉，笑著把大頭往內衣裏一塞，又用手在外面拍拍，然後指著棋盤，笑著問我們：

「你們不下棋了？」

「夏天快到了，你師父用得著它，不能老擺在我們這裏。」月仙說。

「我拿回去師父會怪我的。」了緣說。

「你寫張條子請他帶回去好不好？」月仙輕輕地對我說：「我們也應該謝謝慧真方丈的畫。」

月仙的話很有道理，我連忙寫了一張字條，請月仙一道簽個名。

「我也要簽名嗎？」她笑著問我。

「棋和畫都是送給我們兩人的，妳自然也應該簽個名兒才是。」

她笑著在我的名字後面寫了「月仙附筆」四個字。

了緣把紙條往懷裏一塞，頭一點，轉身走了出去。

「這傻小子幾年以前我好像見過，想不到一下子就長得這麼大了？」了緣走後，老王笑著說。

「小孩子長得快，」我說：「何況他這種身體。」

「俗話雖說名師出高徒，」老王望了我們一眼：「但我看他沒有喝過墨水兒，恐怕趕不上慧真和尚？」

「老王，出家人有幾個慧真？何況了緣？」我說。

老王笑著走了出去，不一會，馬蘭笑著走了進來。

「馬蘭，有什麼事嗎？」

「沒有，」馬蘭搖搖頭，輕輕地說。她怕老王討厭，在我們這裏說話聲音總是壓得很低。

「我是過來玩玩的。」

「那野和尚過來幹什麼？」

「他送點東西給我們，」月仙說：「你看到了緣？」

「我在路上碰見他，」馬蘭笑著說：「他瞪我一眼，我也瞪他一眼。」

我們聽了好笑，馬蘭又接著說：

「最後他向我一笑，又呆呆地望著我，像個大傻瓜！」

「妳呢？」月仙笑著問馬蘭。

「我才不理他！」馬蘭撇撇嘴。

「妳還生他的氣？」月仙似乎是想起那次遊黃龍潭、烏龍潭的事來。

「誰生他的氣？我只是覺得他比我還野，妳說和尚怎麼可以那麼野？」馬蘭反問月仙。

「這怪不得他，他沒有讀書。」月仙笑著回答。

「我父親常說我是烏克蘭的野馬，我看他是山上的野牛，天生的。」馬蘭笑著說。

「馬蘭，其實妳並不野。」

「和妳比起來，就會覺得我太野了。」

「各人性格不同，妳不必和我一樣。」

「我覺得女人還是妳這樣好，可惜我學不到！」

她們兩人談得正起勁時，我從窗口發現小尼姑正挑著空籃子走了上來，我馬上告訴月仙，月仙連忙趕過來，把頭伸出窗口，向小尼姑招手，小尼姑嫣然一笑，馬上加快腳步，輕盈地跑了上來。她先跑到窗口，遞給月仙一個布包，裏面都是些紅得像猴子屁股的水蜜桃。她站在窗下和我們談了幾句，才從大門進來。

她和馬蘭一照面，兩人都微微一怔。月仙替她們介紹了一下，小尼姑聽馬蘭能講流利的中國話，不禁一喜；馬蘭看小尼姑口齒伶俐，人又那麼窈窕標致，也多看了她兩眼。

「妳這次上山賣什麼東西？」月仙拉小尼姑在自己身邊坐下，像姊姊問妹妹似的。

「桃子。」小尼姑說。

「統統賣完了？」

小尼姑笑著點點頭，又指指布包裏的桃子說：

「這些是特為留給你們的。上等貨，落口消。」

她一面說一面解開布包，攤在小圓桌上，拿了一個，隨手把皮一撕，往月仙嘴邊一送，笑著說：

「妳嚐嚐看，這不是毛桃。」

月仙咬了一點，抿抿嘴，一笑，立刻挑了一個給馬蘭，又挑了一個給我，喊了兩聲老王，老王以為有事，三步兩步趕了過來，她遞了一個桃子給他，笑著說：

「老王，這桃子真好，你也嚐嚐看？」

老王接過桃子說了一聲謝謝，又轉臉問小尼姑：

「少師父，這又是你送的？」

小尼姑點頭微笑。

我們吃過之後，覺得這桃子不但水分多，味道好，熟透了連皮都可以撕下來。我問她從什麼地方販來的？她說是那個種茶樹的黃老大家。

「怎麼我們只看見茶花？」月仙問。

「桃花開得早，一共不到十棵樹，以前我也不知道，如果不是他告訴我，我也不會去他家裏販來，往年我是在別處販的。」小尼姑說。

「黃老大應該優待妳一點。」我笑著說。

「本來他是自己吃的，沒有想到賣錢，自然不會獅子大開口了！」

「我想他會免費送給你的。」

小尼姑瞟了我一眼，得意地說：

「何先生，他雖然有這番好意，我也不能不給他幾個錢哪！」

馬蘭和老王都不知道個中原因，所以無從插嘴。馬蘭吃了兩個桃子就起身告辭，月仙又要她帶兩個回去給她父親嚐嚐，同時對老王說：

「老王，請你分點筍乾給馬蘭好不好？」

老王和馬蘭出去之後，小尼姑悄悄地問月仙：

「妳怎麼交上了一個洋婆子？」

月仙向她輕輕地解釋了幾句，她讚歎地說：

「她的中國話講得真好，人也生得齊齊整整，不像別的洋婆子人大頭小，鷹嘴鼻子……」

「守貞，妳怎麼批評起洋人來了？」月仙笑著打斷她的話。

她向月仙抱歉地一笑，又機警地伸出光頭向窗外探望了一下，發現馬蘭正蹦蹦跳跳地跑下石級，立刻把頭一縮，輕輕地說：

「走了。」

月仙又把她拉在身邊坐下，問問觀音閣的情形，問問閣前山邊的那棵桃樹是否也結了桃子？最後又問到小尼姑的女友新娘子。一提到新娘子小尼姑就高興起來，瞟了我一眼，附著月仙的耳朵輕輕地說：

「她有喜了！」

「妳怎麼知道？」月仙笑著問她。

「她先告訴我的，她男人還蒙在鼓裏。」小尼姑賣弄地說。「我總是拿又酸又澀的毛桃逗她，逗得她直流口水，她只好不打自招。」

月仙望著我笑。我想起她和新娘子戲謔的情形，知道小尼姑很有幾手，新娘子是會落輸的。

「妳現在是不是還和她打打鬧鬧？」我笑問小尼姑。

「嗨！」小尼姑一歎：「我現在連碰都不敢碰她一下，誰知道她肚子裏懷的是皇后娘娘還是真命天子？」

「妳的口風很好。」月仙拍拍小尼姑。

「可是我不是金口玉言，不然我真想封她一個貴子。」

我和月仙還沒有忘記新娘子讓床借宿的盛情，拜託小尼姑代我們致意，小尼姑笑著對我們說：

「說不定她沾了你們一點兒靈氣，真的生個好兒子好女兒哩！」

「守貞，不要瞎扯，」月仙笑著搖搖頭：「沒有那回事兒，何況我們都是平平凡凡的人。將來她生產時妳告訴我們一聲，不管是男是女，我們都要送隻老母雞。」

「今天我回去告訴她這些話，她真會高興得從床上滾下地。」小尼姑望著我們說。

「一隻老母雞算什麼？」月仙澹然地說。

「禮輕仁義重呀！」小尼姑提高聲音說：「何況是你們兩位送的？」

小尼姑的精神好，口才好，越談興致越高，和月仙談個沒完，我很難插嘴，索性走開。她看見我走開，也連忙站起來告辭。

「妳生我的氣是不是？」我笑著站住對小尼姑說：「那我就不走好了。」

「誰生你的氣，我有我的事。」她向我嫣然一笑。

月仙留她吃飯，她也不肯，於是我們只好送她出去，她回頭望我一眼，指指月仙說：

「不要您送，我還有幾句私話兒要和她講。」

我只好停住，讓月仙送她。

她挑著空籃子，月仙跟在她的後面，走過了小橋，兩人就併肩行走，我這才發覺她長高了不少，幾乎和月仙一般高了。

她們轉過了一棵大櫸樹，就消失不見。起先我以為月仙送一段路就會轉來，頂多不過十分八分鐘的時間，沒想到她一送就送了個把鐘頭，還不見人影。我有點不放心，趕出去看看，走了里把路才看見她一個人低著頭踽踽而行，彷彿有什麼心事？我叫了她一聲，她才警覺地抬起頭，輕盈淺笑，碎步跑來。

「你怕我走掉了是不是？」她握我的手笑問。

「我以為妳送到觀音閣了。」我笑著回答。

「觀音閣是沒有送到，可快送到含鄱口了。」

「怎麼這樣難捨難分？」

「守貞和我講了很多私話兒。」

「我可不可以聽聽？」

「你可不要笑她？」月仙盯我一眼。

「那有什麼好笑的？」我想想實在沒有什麼好笑的事。

「守貞想還俗。」月仙輕輕地說。

「還俗？」我望著月仙，呆了一會兒。

月仙點點頭。

「還俗幹什麼？」

「她愛上了黃老大。」月仙附著我的耳朵說。

「她師父肯嗎？」

「她師父自然不願少了她這麼一個好幫手。」

「那守貞不是白日作夢？」

「你不要看得這麼死，其實她師父已經動了心。」

「她動個什麼心？」我不覺笑了起來。

「錢嘛！」月仙悠悠地說：「守貞的師父想錢。」

「那怎麼好意思開口？」

「她的理由可光明正大，她要黃家出五百塊的香錢，修修觀音閣，給觀音菩薩粧粧金，她再給守貞唸唸經，懺悔懺悔，這樣守貞就可以重新做人了。」

「她的想法倒很好，黃家出得起五百塊錢嗎？」五百塊錢對於人仰他們固然不算一回事，但對於一般鄉下人卻是一個很大的數目，這筆錢在山下差不多可以買一百擔米，買十條八條大水牛，我不知道黃家有沒有這個力量？

「黃家已經答應了！」月仙突然提高聲音說：「黃老大決定在冬至以前籌足這筆錢。」

「真是初生之犢不怕虎，黃老大倒很有點牛勁。」

「你還記得他對守貞那股癡勁嗎？」月仙笑著問我。

我點點頭，黃老大有鐵牛般的身體，也有敢作敢為的精神，山裏人的性格就像岩石般堅定。

「如果守貞不跟我們出去走那麼一趟，也許不會發生這件事情？」月仙望著我說。

「這很難說，還俗也不是什麼奇事，觀音閣即使關得住她的人，也不一定關得住她的心。新娘子一句話，勝過她師父唸一輩子經。」

月仙聽了嗤的一笑，又抬起頭來望望我。

「妳不要奇怪，小尼姑是人不是神。」我輕輕地對月仙說。

第二十五章　女主人雍容華貴
老朋友道骨仙風

因為我們的關係，人仰的太太素雯提前上山。端午一過，她就帶著女兒小雯從上海動身，行前他們兩夫婦寫了一封航空信給我們，告訴我們上山的時間。本來我和月仙想去九江接她，老王卻說：

「何必興師動眾？我一個人去夠了。少奶奶又不是初次上山，我是不得不去，要是我們三人統統走光，空著房子反而不妙，現在不比冬天，漸漸人多手雜了。雖然山上還沒有出過強盜賊，我們防一手總要好些。」

老王的話自有道理，他去我們可以不去，我們去他還是不能不去。因為他們到底是主僕關係，而老王又不肯失禮。再則我們去少不了車子轎子，即使我們不愛這種排場，素雯也絕不會要我們走路，因為她自己一定要坐車雇轎的。老王腿腳健，她也不必像對我們一般客氣。

就這樣，老王初九就去九江等素雯，我和月仙初十上午吃過早餐之後，才動身去牯嶺，我估計素雯最早也要到十點以後才能到達牯嶺。行前我們拜託了馬蘭照顧房子。

我們經過英美人住宅區時，發現很多房屋正在重新粉刷油漆，有些洋人已經上山來了，房子裏窗明几淨，一片歡笑聲。有的把圓桌籐椅擺在樹蔭下的青草地上，坐在那裏悠閒地看書看報，還有一個中年洋人用白鵝毛管子蘸著墨水在寫甚麼，古意盎然。

牯嶺街又是一番氣象，店鋪煥然一新，家家堆滿了貨物，老闆夥計都笑臉迎人，街上有孩子穿著滑輪在石板路上遊戲，行人熙來攘往，胡金芳飯店、仙巖飯店的招貼也貼出來了。

「這和我們冬天上山時完全不同了！」月仙笑著說。

「這是大初一過年，熱鬧還在後頭哩！」我說。

因為天氣好，太陽大，月仙在鋪子裏買了一頂寬邊大草帽，我也買了一頂。豆腐賣成肉價錢，比山下貴了一倍。

腳伕真早，他們已經挑著一擔擔東西上山來了，他們走得真快，每人都有一雙飛毛腿。

這時還不見轎子上山，我們向小天池那個方向走。放眼望去，月弓塹下面蜿蜒的山路上，轎子、擔子絡繹不絕。

為了怕劈面錯過，我和月仙一直走到月弓塹上面等候，這裏踞高臨下，又是上下必經的路口，從下面上來的腳伕、轎伕，要爬好半天才爬得上來，我們可以一目瞭然，絕對不會錯過。

爬上好漢坡，每人都是滿頭大汗，腳伕、轎伕用洗澡布連頭帶臉地大揩一通，行人一邊搖著紙扇一邊用手帕擦擦，一爬上好漢坡都大大地吐口氣。

不少人從我們面前經過，又自然地打量我和月仙一眼，月仙的大草帽是個大目標，她彷彿一個大靈芝一般立在好漢坡上。

我們直等到十一點多，才發現老王，他戴著一頂舊拿破崙帽，拄著一根竹棍，走在素雯的轎子前面，左手還提了一簍雞蛋，他爬得很快，轎伕好像在後面趕他。

素雯摟著小雯坐在轎子上面，像摟著一個活潑的小天使，她自己完全是一副少奶奶的派頭，雍容華貴。

月仙向他們揮著手絹，我向他們揮著草帽，老王發現我們，把竹棍向我們一指，素雯揮著她那柄小檀香扇兒。

老王先爬了上來，一見面他就笑著說：

「兩位怎麼跑得這麼遠？」

素雯的轎子一上來，她就跳下轎，親熱地握著月仙的手，盯著月仙看了一會兒，粲然一笑：

「還好，老王沒有虧待妳，還是一派仙風道骨的樣子！」

「老王待我們太好，」月仙笑著回答：「我就是天天人參燕窩，也吃不出妳這副出水芙蓉的樣子來。」

「素雯，妳發福了，越來越像個少奶奶。」我看她又胖了一點，越來越像楊玉環那一型人物。

「人仰常常念你，幸好你也是老樣子。」她打量了我一眼。

月仙把小雯抱了起來，小雯人乖嘴甜，叫了月仙好幾聲阿姨，月仙禁不住在她蘋果般的臉上吻了兩下。

轎伕在路邊休息了一會兒，就催素雯上轎，素雯想為我們叫兩頂轎子，但是在這種地方怎麼叫得到？我們要她和老王先走，她眼珠一轉，笑著對老王說：

「老王，你帶小雯先回去，我和他們兩位散散步，談談心。」

「少奶奶，妳何必空著轎子不坐？」老王笑著說。

「我坐的時候多，走路的機會少，你辛苦了，讓你坐還不好？」素雯說。

老王受寵若驚地一笑，從月仙手裏接過小雯，向我們告罪地說：

「對不起，我老王放肆了！」

他一手提著一簍雞蛋，一手抱著小雯，坐上轎去，小雯起先沒有作聲，轎子一抬起來她就有點想哭，叫了一聲媽。素雯連忙走過去在她臉上親了一下，輕輕地說：

「妳和老王先走，媽和阿姨馬上來，乖！」

小雯果然破涕為笑，向我們招招手：

「媽媽再見，阿姨再見，何叔叔再見。」

「小雯真得人愛！」月仙讚賞的說。

素雯立刻滿面光彩。

這一段路沒有什麼樹木，素雯撐起漂亮的花陽傘，和月仙挽手並肩，款款而談。

在都市住久了，投到大自然的懷抱便有一股無法形容的喜悅，素雯雖然每年夏天都要上山住一段時間，但今天上來仍然讚不絕口，不時用力吸幾口新鮮空氣。

過了牯嶺就濃蔭蔽天，路上只有一點花花太陽，像金錢豹的斑點，清涼極了。素雯把小陽傘一收，倒掛在手上。

她轉告我們一些旅途的情形，她是從上海坐火車到南京，再從南京坐船到九江的，她對於沿江的風景也大大地讚賞了一番。自然上海的情形她也談了很多，她說上海是更繁華了。當我問起他們的生意情形時，她愉快地說：

「託祖上的福，生意倒很順手。」

「那今年夏天妳可以在山上多住些時候了？」月仙說。

「我倒想多陪陪妳，不過也要看人仰的意思。這次就是他要我先上山陪你們的。」

「謝謝妳，徐先生到底什麼時候上山來？」月仙說。

「早在月底，遲就下月初，反正夏天是要在山上過的。」素雯說，然後又望望我們：「我真佩服你們，在山上過了一個冬天。」

「其實冬天很有意思，」月仙說：「春天更好，你們真應該在山上住一整年，領略一下四季的情趣。」

「我和人仰都愛熱鬧，怕冷，住不下去。這份清福就請你們兩位代享好了。」

「那我們真是喧賓奪主了。」月仙輕輕一笑。

「其實心園真需要你們這樣的主人，我和入仰不過是託祖上的福，坐享其成。」素雯望望我們說。

「這樣我們已經感激不盡了。」我說。

「你和入仰又不是一天的交情，何必客氣？」素雯輕輕地白了我一眼。

轎伕比我們走得快得多，在半路上我們就碰著他們扛著空轎回來了。

「太太，快點回去，小姐吵著要妳。」轎伕對素雯說。

素雯立刻加快腳步。

我們剛踏上小橋，小雯就掙脫老王的懷抱，向素雯跑來，邊跑邊叫。素雯上前抱住她，在她臉上吻了一下。

老王早已把素雯的大房間整理好，箱子也提了進去。素雯除了帶來一箱子應用的衣物之外，其餘都是現成的，吃的東西她倒帶了不少，牛奶、餅乾、罐頭之外，還有幾十斤乾墨魚，這東西在上海不貴，在長江中游卻是珍品，在廬山更是寶貝了。月仙看了這些墨魚，笑著對她說：

「妳想得真周到，這夠吃幾個月了。」

「妳在山上苦了這麼久，應該吃點海味補補，這東西對我們女人最有益處。」素雯指著墨魚說。

「難怪妳吃得這麼白白胖胖？」我笑著說。

「我和月仙不同，入仰也和你不一樣，我們兩人都是愛吃、愛穿、愛玩，不像你們喜歡吟風弄月。」

月仙被她說得嗤的一笑，又接著說：

「妳很會享福。」

「祖上的餘蔭，我是享現成的。」素雯從餅乾筒裏抓了一把餅乾分給小雯和我們，又笑盈盈地指著月仙說：「不過我只會享庸福，沒有妳會享清福。」

月仙笑著把餅乾交給小雯，小雯伸著小手接了過去，雙腳輕輕一跳，笑瞇瞇地說：

「謝謝阿姨！」

月仙連忙把她抱起，在她臉上吻了一下。

素雯又抓了一把餅乾給月仙，她自己也吃了起來。

「小雯一來，心園就熱鬧了。」月仙吻吻小雯說。

「那會吵得你們兩位不能安神。」素雯說。

「人仰一來，你就更不得自主了，他比小雯還會鬧。」素雯笑盈盈地對我說。人仰是個外向的人，好動，好說，好笑，這點我早知之有素。和我在一起，他的話更多。

「那妳在他嘴上貼張封條好了。」我說。

「封條貼不住，人仰那張嘴除非套個鐵箍。」素雯說著自己先笑起來。

老王送了一熱水瓶開水進來，小雯吵著要喝，但是太燙，月仙哄著她說：

「到阿姨房裏去喝，阿姨房裏的水不燙。」

她一面說一面抱著小雯往我們房裏走，素雯和我跟了過來。

月仙把小雯放在桌上坐著，從熱水瓶裏倒了一杯開水進來，這是昨天夜晚加的開水，一點不燙。

素雯環顧了我們的套房一眼，笑著對月仙說：

「妳佈置得很好，可惜少了一點擺設，我要人仰在九江帶點瓷器上來。」

「這是我們兩人的小天地，山上又沒有客來，何必擺得那麼闊氣？」月仙說。

「恕我俗氣。」素雯向月仙笑盈盈地說：「你們這種生活，我看了也有點羨慕。」

「這都是託妳和徐先生的福。」月仙感激地說：「使我們少了不少煩惱。」

「反正心園空著的日子多，你們儘管住好了。」素雯望望我們說：「老王一個人也太寂寞，我和人仰簡直像路過的客人，你們住在這裏正好，何況老王也喜歡你們。」

「我們像住在自己家裏一樣。」我說。

「這樣最好，人仰還怕老王招待不周呢！」

「放心，老王和我們特別投緣。」月仙說。

「老王有點怪脾氣，他是爸爸的跟班，要是我們摸反了毛，他都不買賬，和你們處得這樣好，我們真沒有料到。」

「託妳的福。」

「妳的人緣好，我趕不上。」素雯坦率地說。

小雯喝了水，感到心滿意足，她要到院子裏去玩，月仙把她抱了下來，她扯開小腿就往院子裏跑。

「小雯，走慢點，小心摔跤。」素雯連忙叮囑一句。

「小雯好像也很喜歡廬山？」月仙望著小雯的背影說。

「在上海她只看見高樓大廈，很少看見紅花綠葉，上月我帶她去兆豐公園玩了一趟，她高興得在草地上打滾。」素雯笑著說。

小雯很快地跑到院子裏，摘了一片芍藥葉子在手上玩，月仙跑上前去抱住她，溫柔地叮囑她不要摘，她馬上把葉子往枝上接，手一放，葉子就掉在地上，月仙噗哧一笑，她轉向月仙說：

「阿姨，我去拿漿糊黏起來好不好？」

素雯聽了也噗哧一笑，輕輕地罵了一聲：「傻女兒！」月仙在她的小臉上親了一下，牽著她不讓她亂跑。

我和月仙種的李子都發了芽，長到兩三寸長，素雯看見沿著院子周圍，長了這麼多樹苗，而且距離相等，連忙問是什麼東西，我告訴了她，她笑著說：

「好，將來我們有李子吃。」

「橘逾淮而為枳，不一定靠得住。」月仙說。

「看看花也是好的。」素雯說。

「可惜妳春天不在山上，就是開了花妳也看不到。」

「那來年一開春我就上來。」素雯笑著說：「專為看花而來值不值得？」

「我值得，妳不值得。」月仙說。

「為什麼？」素雯偏著頭問。

「妳放著大錢不賺，專來山上看花，那不是因小失大？徐先生會放妳來？」月仙望著她說。

素雯想想不覺失笑，搖搖頭說：

「真的不能來，我和人仰的應酬太多，還是你們好，清閒自在。」

「在上海時我是人閒心不閒，上山以後我是真正清閒了。」我說。

「這樣也好，眼不見，心不煩，省得日本人找麻煩，警察局找你談話。」素雯望著我說。我因為看不慣日本人在上海的橫行霸道，寫過幾篇抗日的文字，想不到惹了一身麻煩，日本人說我妨礙邦交，受到跟蹤恐嚇，警察局說我是危險份子，勸誡過我兩次。

小雯看到梅樹上一隻小黃鳥，嚷著要我去抓，她指著那隻鳥兒對我說：

「何叔叔，我要，我要！」

我望著那隻漂亮的小鳥，莫可奈何，我一過去牠一定飛走。素雯笑著對女兒說：

「小雯，何叔叔沒有長翅膀，抓不到。」

她望了素雯一眼，又望了我一眼，看不我動，她突然掙脫了月仙的手，跑了過去，她還沒有跑到，小鳥就噗的一聲飛了，她失神地望著梅樹，素雯和我不禁好笑，月仙碎步跑上前去，把她抱了起來，憐愛地在她臉上親了一下。

我和素雯走過去，哄了小雯幾句，她又指著大樹上的鳥兒要我抓，素雯向我搖頭：

「這孩子真是城裏人下鄉，洋包子！」

我和月仙不禁好笑，月仙突然靈機一動，笑著對我說：

「我們向顏太太要隻小雞來好不好？說不定小雯會將小雞當鳥？」

素雯聽了一笑，又問我們顏太太是誰？我告訴她後，她覺得有點不好意思，我向她解釋說：

「顏太太待月仙像自己的女兒一樣，這點面子是有的。」

「那你們帶點墨魚送她好了，老太太在山上恐怕不容易吃到墨魚？」素雯說。

「好，就這麼辦，我們吃了飯就去，免得小雯要我上樹。」我笑著說。

素雯從月仙手裏接過小雯，在她臉上吻了一下，歌唱兒似地說了一聲：

「我們家裏有個洋包子。」

第二十六章　小天使勞師動眾
顏夫人割愛贈雞

本來我準備一個人跑趟太乙莊，可是月仙一定要陪我去，月仙要去小雯也要跟著去，她人小，走不了多少路，素雯怕我們兩人抱著吃力，她也要跟著去。老王留在家裏趕做鳥籠子關小雞。

「太陽不小，為了一隻小雞，何必拖個長蛇陣？」我笑著對她們說。

「怪小雯不好，害得你一個人曬太陽，跑遠路，也不大公平。」素雯接嘴。

「只怪我不會上樹，抓不到鳥兒。」我說。

「長了翅膀的，怎麼會讓人隨便抓到？」

「要是人仰在山上，小雯要天上的星他大概也會去摘。」

「可惜他也沒有飛天的本領。」

我們大小四人，一道走出心園，老王趕到門口，笑著對我們說：

「我看你們都不必去，讓我一個人跑一趟好了。」

「老王，你還是做鳥籠吧！我和小雯出去鬆散一下，聞聞青氣、土氣，不走走路腳都會癱的。」素雯回頭對老王說。

她穿的是繡花緞面平底鞋，既好看又宜於走路，月仙穿的是藍緞平底鞋，沒有繡花，這雙鞋倒走了不少路。

小雯高興得在路上蹦蹦跳跳，追蝴蝶，趕蜻蜓，採野花，素雯看她這麼活潑，心裏非常高興。

「在上海成天把她關在樓上，沒有讓她這樣自由自在。」

「山上不必耽心車子，可以大搖大擺的走路，讓她暢快暢快好了。」月仙說。

「恐怕三個月下來，小雯要變成野丫頭了。」素雯望著蹦蹦跳跳的女兒得意地說。

「山上沒有野孩子，那不會。」月仙望著小雯頗有信心地說。照我看來，她對小雯的喜愛是不亞於素雯的。

「那就要仰仗賢阿姨的潛移默化了。」素雯望望月仙。

「如果我有那份德性，我會傳給她的。」月仙笑著回答。

「小雯將來要是能趕得上阿姨一半，我就心滿意足了。」素雯望著我說。

小雯被石頭絆了一下，向前顛了幾步，月仙連忙趕上去抓住她的肩膀，把她抱了起來。她紅著小臉望著月仙。

「小雯乖，慢慢走，不要跑。」月仙拍拍她。

「小雯要聽阿姨的話。」素雯走過去囑咐她。

小雯乖巧地點點頭。

一路上走走抱抱，倒也不十分吃力，只是慢點。過了含鄱口，全是下坡石板路，我們不讓她走，三人輪流抱，素雯撐著小陽傘，抱著小雯很不方便，大半由我替她。

顏先生、顏太太對於素雯母女的突然來訪，顯得有點驚異，但是十分喜悅。尤其是顏太太，看見小雯花蝴蝶般的活潑可愛，瞇著兩隻眼睛瞧她，而且想親她，抱她。當月仙向她說明來意時，她笑著滿口答應：

「一隻小雞孤孤單單，不好養，我送兩隻，讓牠們成雙成對。」

素雯立刻說了聲謝謝，顏太太說：

「扁毛畜生，小意思。」

當月仙把報紙包的墨魚遞給她時，她問是什麼？月仙指著素雯告訴她：

「這是徐太太從上海帶來的，送給你們兩老燉口湯喝。」

顏太太連忙說不敢當，素雯接著說：

「顏太太，不成敬意，請您賞個面子收下來。」

顏太太轉頭望望顏先生，風趣地說：

「你看，我好不好意思收下？」

「妳這個生意做得，」顏先生幽默地說：「蝦的釣鰐魚，本小利大。」

素雯和月仙不禁失笑，顏太太也笑盈盈的回答：

「你何必當堂給我出彩？教我這隻手怎麼收得回來？」

素雯極力忍住笑。月仙笑著往顏太太手裏一塞，扶著她走進廚房。

顏太太和月仙一道出來時手裏抓了一把米，一搖一晃地走到門口，在牆角拿了一個雞罩，走到空場上捲著舌頭啄啄幾聲，黑母雞撲著翅膀帶著一群小雞從竹林裏飛奔過來，別的母親也跟著奔過來，但被黑母雞啄跑了，遠遠地站著，既不敢進，又不想走。

小雯看見那些小雞馬上跑了過去，月仙知道老母雞的厲害，連忙趕上去抱著她。

顏太太把雞罩放在地上，一面留著兩三寸的空隙，然後把米撒在罩內，小雞統統鑽了進來，小雯看了高興地拍著小手，素雯也趕了過來。

顏太太伸手在雞罩裏抓了兩隻漂亮的小黃雞起來，老母雞雖然有點護囝，但是不像對生人那麼厲害，顏太太把雞罩一揭開，別的母雞都圍了過來，老母雞就忙著去追趕那些母雞了。

小雯高興地拍手大叫，月仙和素雯也好笑，顏太太摟著兩隻小雞對小雯說：

「乖乖，這兩隻小雞好不好？」

小雯笑著拍手點頭，月仙抱著她和顏太太一同進來。

顏先生已經預備好了一個大英香煙的紙盒，而且在蓋上鑽了幾個洞。顏太太把小雞放了進去，用麻繩綑好，交給小雯，小雯高興得雙腳直跳。

「好了，我不必再上樹了。」我吐口氣說。

顏太太問我是怎麼回事？月仙告訴她，她望望小雯，讚賞地說：

「真像個小仙子，實在可愛。」

素雯教小雯說「謝謝阿婆」，小雯照樣說了一句，顏太太在她臉上親了一下，又回過頭來望著顏先生說：

「我們的孫兒也該和她一般大了？」

顏先生笑而不答，顏太太指著他說：

「我和你在山上一住幾年，連孫兒也沒有見面，真害人！」

顏先生望著我一笑，素雯和月仙也相視一笑。

顏太太喜歡小雯，要留我們吃飯，一則我們人多，二則小雯要我們抱，走得慢，吃了飯就太晏，所以我們謝了。

因為素雯初來，顏先生顏太太又把我們送到草亭，分別時顏太太還在小雯的臉上親了一下。

顏先生笑著把她輕輕一拉，扶著她轉去，又回過頭來向我們揮揮手。

「這兩位老夫老妻真有意思。」我們和顏先生夫婦的距離拉遠之後，素雯望著我和月仙笑著說：「天天兩人對我生財，也不怕寂寞？」

「他們感情好，抵得住寂寞。」月仙說。

「那不成，我和人仰就耽不下去。」素雯搖搖頭。

「這就是各有所好，」月仙說：「有人愛青山綠水，有人愛花花世界。」

小雯把香煙盒子一搖，小雞就唧唧叫，上坡路，我抱著她有點吃力，月仙向小雯拍拍手，從我手裏把她抱了過去。

到家以前，我們碰到馬蘭父女在路上散步。馬蘭穿著紅襯衣、黑裙，加上金黃的頭髮，色彩非常鮮明；馬林斯基拄著手杖，穿著舊的白襯衣，灰長褲，臉上的鬍鬚和頭髮亂得像個大刺蝟。

我和月仙替素雯介紹了一下，他們父女兩人對素雯尊敬地看了幾眼，素雯也驚奇地看了他們一下，寒暄了兩句。

這正是黃昏時候，馬蘭父女繼續悠閒地散步，我們卻要趕回心園。

「這小洋婆子長得很可愛，不像她父親那個野人樣子。」素雯輕輕地說。

「她父親是落了難，不然不會是這個樣子。」月仙說。同時把馬林斯基的故事簡單地告訴了素雯。

素雯沒有太大的感慨，只淡然說了一句：「看不出來他當過將軍？」因為她錦衣玉食慣了，沒有落過難。

老王聽到我們談話的聲音，跑過小橋來接我們，他從我手裏把小雯抱過去，把紙盒子搖搖，小雞又唧唧叫。

「老王，籠子做好沒有？」素雯問他。

「嗨！剛剛完工，粗製濫造！」老王嗨了一聲。「只能養雞，不能養鳥。」

「暫時將就一下，真有鳥時再去買個籠子來。」素雯說，又回頭望了我一眼，指指小雯：「為了這個小東西，今天把你們三位都累壞了。」

「妳也沒有走過這麼遠的路。」月仙說。

「她是我生的，那還有什麼話好說？」素雯母愛地望望女兒。

一回到家裏，老王就把小雯放下，拿來那個新竹籠子，把小雞放了進去。小雯看見小雞在籠子裏轉來轉去，唧唧叫，高興得拍手跳腳。

素雯看見女兒高興的樣子也不覺失笑，她回過頭來對我和月仙說：

「要是人仰看見了他這個寶貝女兒把雞當鳥，真會笑掉大牙。」

「只要小雯高興，管她爸爸笑不笑？」月仙笑著說。

「這有什麼好笑的？」老王淡淡地說：「當年東家初次和我下鄉時，還不是把黃牛當馬？」月仙噗哧一笑，素雯格格大笑，老王一點不笑，他平平淡淡地說下去：

「當時他跟我爭得面紅耳赤，我說不過他，幸好有人騎馬迎面跑來，我要他比比看，他琢磨了半天，歪著脖子說：「完全一樣嘛！就是多了兩隻角。」」

像點燃引線的爆竹，素雯又爆發出一陣大笑，她和月仙都笑彎了腰，笑出了眼淚，我也被她逗笑了。老王卻望著我說：

「何先生，不要笑，城裏的富家子弟，多半是五穀不分，把小麥當韭菜的事兒尋常的很。」

素雯的臉孔微微一紅，止住笑說：

「老王的話不假，我第一次去龍華踏青，就鬧了這麼個笑話。」

小雯不管我們笑什麼？講什麼？她提著竹籠子走來走去。老王加了一點水在竹筒裏，又撒了一點米在地上讓小雞吃。然後把小雯抱起來，要她和我們一道吃飯。

小雯掙扎著不肯吃飯，素雯哄著她說：

「不要像爸爸媽媽一樣丟醜，怎麼飯也不吃？老王會笑妳的。」

小雯望望老王，看見老王沒有笑她，又掙扎著要下地，月仙握著她的手哄著她說：

「小雯乖，吃了飯再玩小雞，阿姨疼妳。」

她這才點點頭，和我們一道吃飯，一面望著小雞，一小碗飯還沒有吃完，就溜了下去。

素雯搖搖頭，望著月仙：

「小丫頭野了！看看阿姨有什麼辦法？」

「您放心，心園不是放牛場，野不了。何況有這位斯文的阿姨？」老王馬上接嘴。「孩子也應該讓她活動活動，沾沾土氣。」

「剛出籠的包子，正熱！」月仙向素雯輕輕一笑：「不妨讓她玩個痛快，過兩天自然會冷下來的。」

晚上，老王陪著小雯玩小雞，素雯梳洗完畢之後，到我們書房裏來坐。她喜歡京戲，我把留聲機打開，她隨即跑回房去，拿了幾張新唱片來，遞給我說：

「這都是百代公司新灌的片子，聲音清楚得很，好聽！我特地選了幾張帶上山來，讓你們過過癮。」

「妳留在山上的唱片已經夠我們聽的了。」月仙說。同時把新唱片從紙套子裏抽出來，有言菊朋的《臥龍弔孝》、《烏盆計》、《清官冊》、《打鼓罵曹》；余叔岩的《搜孤救孤》、《定軍山》、《沙橋餞別》、《打棍出箱》；馬大舌頭的《借東風》、《十老安劉》、《甘露寺》、《審頭刺湯》……以及青衣、鬚生、銅錘合唱的《二進宮》等。月仙看過之後望著素雯笑道：

「妳真是行家！」

「閒來無事，我和人仰就泡在戲院裏，看久了，聽慣了，自然能辨出個好壞。」素雯笑著說。隨後她又告訴我們最近看了那些人的戲，誰的唱功好，誰的水袖漂亮，誰的吊毛乾淨，她連說帶評，頭頭是道，我和月仙不禁為之神往。

月仙剛剛把《臥龍弔孝》放上唱盤，素雯一笑而起，說了一聲「我去拿點五香瓜子來」，人就如驚鴻而逝，不旋踵間，又抱著一個餅乾筒子進來，笑盈盈地嗑著瓜子。

喝雲霧茶，嗑瓜子，聽京戲，時間像個小偷，悄悄地溜走，直到老王抱著小雯進來，我們突然警覺夜已深沉。

小雯睡在老王的臂彎裏，嘴角流著口水，竹籠還掛在她的小手腕上，兩隻小雞縮成一團。

素雯接過小雯，在她臉上吻了一下。

老王和素雯出去之後，我和月仙忙著收拾留聲機、瓜子殼。留聲機關閉之後，嘓嘓的蛙聲就清晰地傳了過來。月仙拉著我走到窗口，伏在窗上傾聽，牠們已由男高音轉為男中音，優雅、平和、均勻。

我抬頭望望天空，星星在高高的樹頂上閃著亮晶晶的眼睛，很像小尼姑的眼睛。

綠色的樹葉上有銀色的露珠閃亮。

我不想睡，月仙也不想睡。

第二十七章　月仙自然忘歲月
素雯禮拜去靈修

「阿姨，阿姨！」

朦朧中我似乎聽見小雯在窗外喊月仙，但由於睡得太晏，睡意仍濃，一時無力睜開眼睛。等她再喊一遍，我才勉強睜開眼睛，月仙也醒來了。

可是，到處是一片模糊，外面是濛濛的霧，房間裏面也是灰濛濛的霧，那些霧正從敞開的窗口湧進來，又飄出去。

「是不是小雯叫我？」月仙問我。

「是。」我說。

「她在那裏？」月仙坐起向四週望望。

「只在此山中，雲深不知處。」我也跟著坐起。

「好大的霧！」月仙輕輕地說。

「這還是剛剛開始，以後可能天天有霧。」

這時小雯又在窗外叫了兩聲「阿姨」，月仙一面穿衣，一面答應，穿好之後她就趕到窗邊，叫了兩聲「小雯」，我也跟著趕到窗邊。

素雯牽著小雯站在院中，顯出模糊的身影，小雯看見我們靠在窗邊，掙脫了素雯的手，向窗下跑來，她手中的小竹籠子搖搖晃晃，兩隻小雞驚驚慌慌。

窗子太高，小雯太矮，月仙伸手出去仍然拉不到她的小手。

「小雯，到媽身邊去，阿姨出來。」月仙對小雯說了一聲，就拉著我打開房門，一道出來。霧很重，馬蘭的房屋隱沒不見，樹林、竹林也不見蹤跡，三五尺外就辨不出人的眉毛眼睛。我們繞了一個彎兒出來，只聽見素雯和小雯說話的聲音，卻看不見她們。

我們向她們說話的地方走去，小雯發現月仙，跑了過來，月仙把她抱起，在她臉上親了一下，問她：

「妳怎麼起得這麼早？」

「她一心掛記她那兩個寶貝，老早就把我吵醒。」素雯接腔。

「這麼大的霧，妳怎麼跑到外面來？」我問素雯。

「霧裏很好玩，小雯也吵著要出來。」素雯回答。

「她的頭髮都濕了。」月仙摸摸小雯的頭髮說。

「房子裏也是霧，」素雯說：「我沒有關窗子，你們也忘記了關窗子？」

「我是故意敞開窗子透空氣的。」月仙說。「昨天晚上滿天星斗，我們睡得很遲。」

「那真對不起，」素雯抱歉地一笑：「我要小雯不要叫妳，她偏要左一聲阿姨，右一聲阿姨，便把你們吵醒了。」

月仙笑著在小雯臉上親了一下。

「一大清早就纏著阿姨，下來走走。」素雯從月仙手裏接過小雯，把她放在地上，她們兩人牽著小雯散步。

鳥兒在樹上唱歌，像京片子一樣悅耳，但是看不見牠們在什麼地方？樹在霧裏，牠們也在霧裏。

小雯歪著小腦袋聽聽鳥叫，又看看自己籠子裏的小雞，小雞叫不出那樣好聽的聲音，只會唧唧唧。霧看得見，抓不著，碰在臉上卻有一種潤濕清涼的感覺。

我們在院子裏走了一會，霧漸漸稀薄起來。高高的樹頂，露了出來，像尖尖的毛筆；馬蘭的房子也露出紅色的屋脊；擲筆峰頂像一座寶塔聳立空中；合鄱嶺像一座孤島，浮在乳白的水面。沒有多久，霧開始分離散開，東飄西蕩，有的像綿羊，有的像玉帶，最後無影無蹤，不留任何形跡，到處是青山綠樹。

「真謝謝小雯叫我，不然阿姨會錯過這個好機會。」月仙低頭吻吻小雯。

「這真比西洋鏡還好看，」素雯向月仙說：「而且頭腦清醒，眼睛舒服，比吃高麗參更提神。」

「妳如其在上海吃高麗參，不如多在山上看看風景！」月仙笑對素雯說。我們幾個人都沒有洗臉，素雯和月仙的頭髮有點蓬亂，素雯梳的是最時髦的道士頭，這種髮式在夏天特別涼爽。素雯得風氣之先，她第一個帶上山來。

老王不聲不響地預備好了洗臉水和稀飯，他悄悄地走了出來，站在門口笑著問我們：

「幾位看風景可看飽了？」

「老王，我們看飽了，可惜你錯過了機會！」素雯回答。

「少奶奶，我老王看得多啦！」老王摸摸嘴巴說：「我一年四季都在山上，雲也好，霧也好，雪也好，青的山，綠的水……我那一樣沒有看過？就是沒有您那樣的鴻福。」

「老王，你的清福倒真不淺，當初老太爺要你上山，就是讓你享享清福，這點我們真趕不上你。」

「我老王託您徐府的福，把我這棵黃連樹栽在金瓜田裏，沾了一點兒甜味，我很知足了。」

老王一面說一面望了我們幾人一眼說：「您們進來洗臉吃飯吧，看風景的日子長著哩！」

朝陽已經在含鄱嶺上投下千萬根金手杖，青青的山閃著金黃的光亮。原先霧大，我們以為時間很早，現在看看，已經不早了。

月仙首先抱起小雯，輕輕地向素雯說：

「快點進去，我們頭未梳，臉未洗，像個瘋子。」

她們兩人帶著小雯先進去，我隨後跟著進來。

素雯先替小雯洗臉，小雯不會漱口，素雯教她用水在嘴裏咕咕，她喝了一口水含在嘴裏，頭一仰，小嘴一張，咕嚕一聲吞了下去，我們看了好笑，她自己也嘻嘻地笑。

「算了吧！何必讓她為難？」月仙摸摸小雯的頭，笑著對素雯說。

「她喜歡吃甜食，我怕她長蟲牙。」素雯說。

「反正乳牙將來都要換掉，大一點她自然會漱了。」月仙說。

「幸好不要替她包小腳，不然真頭痛死了！」素雯笑著說。

「小腳一雙，眼淚一缸，」月仙接著說：「我們剛好躲過，小雯是更幸福了。看看顏太太那雙三寸金蓮，我真替她難過。」

「這都是你們男人不好。」素雯翹起她那塗著蔻丹的手指向我一指。

「真冤枉，我也沒有要女人包腳。」我笑著說。「我和小雯這麼大，頭上還不是拖著小辮子？」

素雯格格笑，說了一聲「得罪了」，就牽著小雯走進房去。

我和月仙也走進自己的房間。房子裏進了霧，有點潮濕，用手指在桌上可以寫字。我趁月仙梳頭時，把被子抱了出來，讓太陽曬曬。

月仙在梳粧方面費的時間很少，我進來時她已經開始收拾桌子，整理書籍，沒有多少時間，便把整個房間收拾得乾乾淨淨。

素雯在梳粧方面費的時間很多，這是她的習慣，她的化粧品特別多，而且貴，大半是來自巴黎的，塗塗抹抹，灑灑撲撲，在上海時起得晏，大半個上午就在梳粧臺前報銷了。今天早晨雖然起得特別早，也還是等到太陽曬進房子她才出來。

她還沒走進我的書房，我就聞到一股撲鼻的香氣。她一出現在房門口更覺得豔光照人；金邊白底黑蝴蝶花的高領旗袍，款式新穎得很，別人看起來以為是出客的盛裝，其實是家常便服，嘴唇和指甲都是深紅的。不但她自己如此，連小雯也塗了口紅，搽了蔻丹。

「妳怎麼粉不搽，香水也不灑一點？」她笑問月仙。

「我懶慣了，不想花那麼多時間。」月仙笑著說，同時把小雯拉進懷裏親親她的臉，輕輕地說：「媽媽把妳打扮得像一位小公主了。」

「不要半天時間，就會變成一隻醜小鴨了。」素雯望著小雯得意的說。

老王突然站在門口，他看月仙正和素雯談話，沒有作聲。我問他有什麼事？素雯和月仙聽我和他談話，也一齊望著他，他望著素雯慢吞吞地說：

「我看可以吃飯了吧？」

素雯向我們一笑，牽著小雯領先出去。

素雯很會保養身體，她要老王拿了幾個生雞蛋來，分給我們一人一個，她首先敲了一個在自己碗裏，一面用象牙筷子攪動，一面笑對月仙說：

「生雞蛋拌熱稀飯吃，很養人。妳不打扮，也不注重營養，小心把身體弄壞！」

「我覺得我的身體還好。」月仙說：

「妳要是和我一樣好吃，就不會這麼瘦。」素雯笑著舀了一瓢熱稀飯在碗裏，連忙攪動一番，又盯著月仙說：「妳要是再胖一眼眼，真賽過廬山。」

月仙瀟然一笑，把攪好的稀飯遞給小雯，素雯笑著攔住：

「妳不要只顧別人，忘了自己。」

隨後她把自己的一碗稀飯送給女兒，又迅速地打了一個蛋在空碗裏。

雞蛋新鮮，稀飯也夠火候，素雯誇獎了老王幾句，我們吃得也很愜意。

入山以來，我和月仙過著一種幾乎忘記歲月的生活。牆頭沒有日曆，我們也從不去記日子，報紙是過時的，我們不是看新聞，是讀歷史。老王也只記得舊的節令，憑著月缺月圓，他的推算相當準確。至於今天星期幾？他從不關心，他認為這完全是「洋派」，我們也不留意，所以我們三人簡直是糊裏糊塗過日子。

我們這種不記日月的生活，直到今天才被素雯打破。因為飯後她向我們說今天是禮拜天，要我們陪她到靈修會去看看，是不是有人做禮拜？她和人仰都是基督教友，做禮拜已經成為他們的生活習慣。靈修會離心園不遠，我和月仙雖然不是基督徒，還是陪素雯散步過去。

在路上我們遇著了馬林斯基、馬蘭父女，馬蘭高興地對我們說：

「今天是靈修會的第一次禮拜，你們也去？」

「我們陪徐太太去。」月仙說。

「怎麼？你們不信基督？」馬林斯基奇怪地問我。

「我們還沒有宗教信仰。」我說。

「信基督可保平安。」馬林斯基說。

「但願如此。」我說。

「你們今天和我們一道去聽道好了。」馬蘭笑著對我和月仙說。

我和月仙沒有表示意見，素雯因為馬蘭也是教友，便和她攀談起來，看樣子素雯有點喜歡馬蘭。

一路上馬林斯基和我談得比較多，我發現季節對於他的心情影響很大，入春以來，他開朗了很多；今天他沒有和我談俄國，談他過去的歷史；而是談的《三國演義》和宗教問題。他對於我們中國人的文化思想還是弄不清楚，對於基督教義也沒有徹底明白，但是他早信了，而且還勸我信。

馬蘭和素雯談得很起勁，間或和月仙談談。一直到靈修會門口她們的談話才停止。

靈修會和安息會都是教士教友集會的地方，因為現在上山的中外人士還不太多，所以會堂裏的中外教友只到了二三十位，顯得稀稀朗朗，空的坐位很多。

我和月仙本來不打算進去，但素雯、馬蘭她們一定要我們進去湊個數兒，我們只好恭敬不如從命了。

教堂裏的人我和月仙一個也不認識，馬蘭父女也只認識一個洋人，素雯還多認識幾位，因為這兩年夏天她也常來這裏做禮拜。

大家的教養都很不錯，儘管有人交頭接耳，但不喧囂。

在我們後面還有三、四個人到來。

主持這個禮拜的是一個叫章伯南的傳教士，他是一個白人，卻有一個完全中國化的名字，並且講著一口流利的京片子。他講的題目是「怎樣與神相交」。他希望大家遵守「安靜時間」，尤其是清晨。他首先舉出耶穌「早晨天未亮的時候，起來，到曠野地方去，在那裏禱告」的習慣，要大家遵守一定的時間靈修，以豐富自己的靈修生活，與神接近。

他是一個有相當學問的傳教士，雖然聽道的人不多，他還是講得很起勁，講得有條有理，他引用了很多《聖經》上的話，諸如〈路加福音〉第十七章裏關於信心的話，他說信心好比一粒種籽，要能忍耐，「那賜諸般恩典的神……等你們暫受苦難之後，必要親自成全你們，堅固你們，賜力量給你們」。

「人非有信，就不能得神的喜悅。……信就是作神的工，在信的人凡事都能。」他一再引用這些話。

講了個把鐘頭他才從容地結束，然後領導大家讀經禱告。他的禱告詞包括認罪、崇拜、敬仰、讚美、感恩與代求，言詞委婉懇切，聲調抑揚頓挫。他大聲地唸阿門時，是以一股少有的長氣徐徐吐出的。

離開靈修會，大多數的人是向鄱陽路、蓮谷路那方面走出，只有我們五個人向猴子嶺這邊走。

「我在上海時不到十點鐘總起不來，整天也難得有一段安靜的時間，我的靈修生活實在不夠。」和馬蘭父女分手後，素雯笑著對我們說。

「妳是怎麼信教的？」月仙笑著問她。

「還不是在學校裏跟著大家信的。」素雯說。

「奇怪，以前我們怎麼沒有發現馬蘭和她父親信教？」月仙問我。

「我們不和他們住在一塊，又從來沒有談到信仰問題，自然不容易發現。」我說。

「馬林斯基勸你們信教，我可不勉強你們。」素雯爽快地說。「老王不大贊成我這一套，我也由他。」

「妳很開朗。」月仙讚揚她一句。

「修仙修道，下地獄進天國，都是各人自己的事，宗教無非是勸人為善，像你們和老王那是作惡的人？」素雯說。

「恐怕也進不了天國。」我說。

「誰也保不定能進天國，不下地獄就是好的。」素雯爽朗地說。

「人在福中不知福，其實我們現在都住在天國裏面。」月仙向我和素雯淺淺一笑。

我們不禁望望青青的山，濃綠的樹。我們走在樹蔭之下，曬不著太陽，十分清爽舒暢。鳥兒在樹林中飛來飛去，如女高音珠走玉盤地歌唱，知了初試新聲，在松樹頂上嘤嘤鳴叫，我實在很難分別這是人間還是天上？

剛踏上小橋，小雯又像個小天使樣從院子裏跑過來，舞者兩條小手臂，像拍著兩隻翅膀，笑著，叫著，跳著歡迎我們。

月仙上前兩步，伸手抱住她，她親親熱熱地叫了一聲：

「阿姨！」

月仙在她臉上親了幾下，素雯笑著對我輕輕地說：

「她們這樣親熱，我做娘的看了都有點兒妒忌。」

第二十八章　馬蘭池中顯身手
老王路上打不平

山上一天天熱鬧起來。

已往，每天早晨只有我和月仙兩人散步，偶爾也碰上馬蘭父女。素雯上山以後，間或也陪我們散散步，但她不能每天起早，通常要睡到八點多起床，這在她看來已經算是早起了。現在我們散步時，常常可以碰到一雙雙、一對對的白人男女，挽著手兒散步，他們親熱的很，見了我們也毫不避嫌。他們穿得比我們少，男的多半是運動短褲、襯衣，女的多半袒胸露背。其實早晨清涼如水，我多半穿夾袍，或白紡綢長衫，月仙多半穿湖色旗袍，上加白色細毛線外套，這樣才最合適。也許是洋人的身體的確比我們好？也許是他們愛標新立異，所以穿得那麼少。

他們大多很有禮貌，雖然我們並不認識，他們也會笑著向我們說聲：

「早！」

自然我們也會點頭回答他們一聲「早」。

無論美國人、英國人、法國人、義大利人，態度都不算壞，其中僅有少數的法國人和義大利人以強者自居，他們不理我們，我們也懶得理他們。

所有的外國人中，態度最倨傲的要算日本人，但是日本人和我們都是一樣的黃皮膚，很不好分。有一次我就誤認一個日本人是我們自己人，先向他說了一聲「早」，他以為我拍他的馬屁，滿臉孔不屑理會的神氣，非常鄙夷地看了我一眼，昂然而去。我心裏很不好受，仔細看了他的背影一眼，才發覺他上身的白西服吊在屁股上面，比我們中國人穿的西服最少要短兩三寸，一雙籮圈腿，走起路來兩肩搖搖晃晃，粗手杖在地上一擣一擣，更顯得他的倨傲輕狂。我斷定了他是日本人之後，不禁歎口氣：

「今天起早了，碰見了活鬼！」

「大人不見小人怪，何必跟小鬼嘔氣？」月仙輕輕一笑，安慰我說。

月仙的話雖有化痰消氣的作用，可是我心裏還是不大舒服，因為這不是我個人的事。不過自上山以來，我一直心平氣和，沒有生過一點閒氣，和月仙過著一種非常恬澹而安靜的日子，為了體會月仙的心意，我也強作歡笑。

回到心園之後，我把它當作一個笑話和老王談起，老王聽了很不服氣地說：

「何先生，是你人好，要是我老王，對這種日本鬼子可要教訓幾句，要他知道中國人並不好欺！」

恰好素雯走了出來，她聽了老王的話馬上對老王說：

「老王，你不要闖禍，日本人惹不得，他們正兜著豆子沒有鍋炒，誰知道他們是上山幹什麼的？」

素雯的話很有道理，老王不能不聽，他搖搖頭，歎口氣也就算了。

人仰上山之後，心園更熱鬧起來。

他愛笑，愛鬧，愛動，空閒不得。上山的這天下午，就拉著大家去游泳池游泳。

素雯拿著游泳衣。他讓小雯騎在他的頸上，手裏提著一隻特地為小雯購買的紅綠條紋的小救生圈，他一邊走一邊吹著口哨，唱著中英文流行歌曲，不時把救生圈當鐵環在路上滾動，快活得像個大孩子。

「三十出頭了，還是這麼寶氣。」素雯看了好笑。

「我到了七老八十，還是這個樣子。」人仰把在地上滾動的救生圈，像挑足球一樣，用腳輕輕向上一挑，隨手接住，向我們咧著大嘴一笑。

「只怕那時爬都爬不動了。」素雯笑著說。

「放心，」他回頭向素雯輕輕地說：「我照樣能跑能跳。」

素雯聽了也很得意。

人仰有副足球員的身體，他全身都充滿了活力，就是到了七老八十，他最少是用不著拐棍的。

游泳池離心園不遠，在幾十公尺之外，我們就聽見笑聲和撲水聲從樹林裏傳出來。

人仰聞聲馬上大步向前。

游泳池裏是清一色的洋人，其中有一個我認出是馬蘭，她穿著紅色的游泳衣在池裏仰泳。她一發現了我們，高興地叫一聲，馬上一個鷂子翻身，向我們俯泳過來，她游得很快，一下子就到了我們這邊，雙手在池邊一按，人就跳了上來。

她穿著游泳衣真的曲線畢露，胸部像鼓著兩隻小汽球，兩腿修長挺直，她的身材遠比面部美。

人仰不知道她是誰？盯著她看了幾眼。素雯替人仰介紹之後也自然地多看了一會兒。

人仰夫婦隨即帶著小雯走進更衣室，馬蘭笑著問我和月仙：

「你們不游？」

「我是一隻旱鴨子，不會游。」月仙笑著回答。

「你呢？」馬蘭又問我。

「我看你們游。」我說。

「你可以下去游，何必陪我這隻旱鴨子？」月仙向我說。

「妳也可以學，」馬蘭熱情地說：「我教妳。」

「謝謝，」月仙笑著搖搖頭：「我一站在水裏就會頭暈。」

我在樹蔭下的一條靠背長椅上坐下，月仙馬蘭也跟著我坐下。

池裏的洋人有的在游泳，有的在玩水，那兩個十來歲的男女小孩更站在淺水的池邊打水仗，怪聲尖叫。

「他們是詹姆士。」馬蘭指指池邊的一男一女說。

「妳東家的孩子？」我問。

她點點頭。

我知道她東家上了山，我曾經從窗口望見他們在院子裏活動，但是看不清面貌，更不認識這兩個小孩。這幾天馬蘭沒有到心園來，我們也沒有過去訪問，所以連詹姆士也不認識。

「是妳帶他們來的？」月仙問馬蘭。

「不，和他們的父親母親一道。」馬蘭說，同時指指池中一對四十多歲的洋人。男的瘦瘦的，有一個大腦殼，禿頂；女的卻相當胖，像大多數的中年美國婦女，正在發福。

池中另外有兩位年輕的少女，看來比馬蘭還年輕，一位的臉孔像麻雀蛋，一位胖得像個女巨人。月仙問馬蘭認不認識？馬蘭笑著搖搖頭。

人仰夫婦換好了泳裝出來，人仰肌肉發達結實，皮膚黃中帶黑。素雯卻像一隻白羊，體態豐滿，仍不失窈窕，她在自己身上化的工夫沒有白費。她紅白相間的直條紋的游泳衣鮮豔奪目。小雯赤膊，紅短褲，她完全像她母親，皮膚更加白嫩，月仙忍不住把她抱過來，在她胸部親了一下，她很怕癢，馬上格格地笑了起來。

「你們兩位不下水？」人仰笑著問我們，隨手在地上拾起小雯的小救生圈。

「我們是旱鴨子，看你們兩位浪裏白條。」月仙笑著回答。

「我不過是下去洗洗澡，怎麼稱得上浪裏白條？」素雯向月仙一笑。「妳還是千金小姐的樣子，生怕打濕了鞋襪。」

人仰首先跳下水去，隨後又把小雯抱了下去，小雯一點不怕。人仰托著她的身體，讓她的手抱著救生圈，她的兩隻小腳就在水裏亂打起來。素雯看了高興地大笑，自己隨即跳進水去，接替人仰的工作，人仰立刻游開了。

馬蘭看他們都已下水，也站了起來，對我們說了一聲「我也下去」，就走向池邊。她的金黃的頭髮編成一條大辮子，拖在背後。一走到池邊，她就縱身一躍，跳進水中，在水底鑽了好幾丈遠，才浮出水面。

她游到詹姆士的兩個孩子身邊，他們都搶著要她教他們游泳。馬蘭的英語不行，一面做手勢，一面結結巴巴地向他們解釋，再加上中國話，才說服了那個男孩子，讓妹妹先學。他們兩人好像懂得不少中國話。

詹姆士夫婦卻併肩慢慢地游，彷彿在岸上悠閒地散步。

月仙看見池裏的人悠哉游哉，自得其樂，人仰也仰在水上像睡覺，她便笑著對我說：

「你也下去游一會兒，不必陪我。」

「坐在這裏也很有意思。」我說。榆樹的陰影籠罩著我們，榆錢滿地，清風徐來，實在涼爽舒適。

又有一對年輕的白人男女走了進來，看他們那種親熱的樣子，不是情人便是上山度密月的夫婦。男的穿著短袖的白毛巾布汗衫，黃卡其短褲，女的穿著花洋裙，下襬像一把張開的花洋傘，胸口背脊的叉口開得很低，那種袒露的程度簡直令人不敢逼視，而她卻自然得很，一點也不在乎。她的道士頭梳得很高，像個衝天炮。

「她這種打扮涼快是夠涼快，就是看起來有點兒肉麻。」他們兩人走進更衣室之後，月仙輕輕地說：「難怪老王看不順眼？」

「妳也看不順眼。」

「從前女人寸肉為羞，固然太保守，現在的衣料薄，還要露得這麼多，生怕別人看不見，那又何必？」月仙委婉輕柔地說：「女人如詩如畫，最好點到為止。」

「洋婆子怎麼懂得這一套？」

我的話剛出口，他們兩人就手牽手地走了出來，又互相摟著彼此的腰，女的穿著紅游泳衣，男的黑短褲，一紅一黑，相映成趣。走到池邊，兩人蜻蜓點水般地吻了一下，同時縱身下水，哈哈大笑。

月仙看他們那副天真樣子，也不禁抿嘴微笑。

詹姆士夫婦大概來得最早？他們兩人也最先爬上來。上岸一站，詹姆士又瘦又高，像根大竹竿，他太太比他矮一個頭，肥肥胖胖，像隻企鵝。

馬蘭看他們上岸，連忙把兩個孩子托上岸，然後把救生圈拋了上來，自己縱身一躍上了岸。

詹姆士夫婦不認識我們，他們匆匆地從我們面前走過，沒有注意我們。當他們和馬蘭都換好了衣服出來時，馬蘭正式介紹我們認識，他們熱烈地和我們握手，詹姆士太太握著月仙的手不禁叫了起來：

「Wonderful! How beautiful you are!」

她叫了一聲，又仔細地望望月仙，用她的肥手搓揉月仙細長的手。

詹姆士會講中國話，不過不好，講得慢，而且有點詞不達意，但聽的能力很好，馬蘭和我講的話他都能聽懂。

「我們兩家相對，歡迎你們到我家來玩。」詹姆士臨走時笑著對我們說。

「他們兩人都很和氣。」詹姆士他們走後月仙笑著說：「馬蘭父女能遇上這麼一個東家也不容易。」

「看樣子詹姆士在中國不止一年兩年。」我望著他的瘦長的背影說。他帶著太太、孩子和馬蘭穿過樹林，走上黃沙路。

素雯把小雯交給人仰，自己單獨游了起來。

人仰不用救生圈，雙手托著小雯在水面盪來盪去，小雯快活得手腳亂打，人仰高興得大笑。

他們兩人先上岸換衣，小雯換好衣服先跑出來，往月仙懷裏一撲，月仙親了她一下，抱著她坐上自己的膝蓋。

素雯游了兩圈之後，也爬上岸來，匆匆地換過衣服，就和我們坐在一塊休息，看那對年輕的男女游泳。

隨後又來了幾個洋人，服裝都很隨便。有一個男的穿了一條短褲出來，整個胸脯都是茸茸的毛，手臂的毛也足有一寸多長，他下水之後，素雯和月仙搖頭一笑：

「簡直像個野人，他最少比我們少穿了兩千年衣服。」

「他們現在倒過的是最文明的生活，」人仰接著說：「妳看，這個游泳池就只我們幾個中國人，盡是洋人的天下。」

當我們發現擲筆峰有霧滾滾而下時，連忙起身準備回去，我們剛走上黃沙路，霧就湧了上來，一下子就四面八方把我們包圍了，雨也沙沙地打在樹葉上，打在我們的身上，打得我們一身透濕。而當我們一走過心園門口的小橋，霧又散開，而且一下子就散得無影無蹤，藍天更藍，樹葉更綠。月仙看了好氣又好笑：

「這個天真害人！」

「先前妳怕打濕了鞋襪，現在倒成了落湯雞了。」素雯望著月仙一身水淋淋，不禁好笑。

一回到房裏，月仙連忙替我找好衣服，送到我的面前，催促我說：

「快點換下來，小心生病。」

「妳不要忘了自己，妳真像個落湯雞。」我看她頭髮上還在滴水，連忙接過衣服，提醒她一下。

「你快換，不要耽心我。」她笑著走進臥室，把門帶上，隨即聽見她拉攏窗簾的聲響。

我關好書房的門窗，迅速地換好衣服，我剛換好，她也笑著從臥室走了出來。

老王怕我們受寒，熬了半鍋薑湯給我們幾個人喝，我又睡了一個舒服的覺。

晚飯後特別涼爽，我們的精神也特別好。天空藍得像寶石，山如綠翡翠。入夏以來，我和月仙最愛在這種黃昏散步。

素雯和人仰在洗澡，老王偷閒抱著小雯和我們一道出來。

林蔭道上已經有不少的洋人在散步，多半是成雙成對。我們習慣於往交蘆橋那個方向走，那邊人少，更加幽靜。站在交蘆橋上聽瀑布，看彩虹，也很有意思。

老王很少同我們一道散步，因為他和我們一道出來，房子裏就沒有人，現在人仰、素雯都在家裏，他就非常放心。

小雯喜歡說話，一路上指東指西，月仙和老王都耐煩地告訴她。

「當初我跟上老東家的時候，少東家也只她這麼大。」老王笑著說：「嚄！一轉眼就是第三代了。」

「老王，說不定你還要看著小雯結婚生子呢！」月仙說。

「嚄！」老王大聲地嚄了一聲：「我那有那麼長的眉毛？」

「老王，你心腸好，一定會添福添壽。」月仙說。

「這就要託你們兩位的福了。」老王高興地望了我們兩人一眼。

小雯看見溪澗邊有幾朵小黃花，要老王去摘，老王把她放下來，伏在地上伸手摘了過來，交給小雯，然後拍拍身上的灰，又把小雯抱了起來。

月仙想接替他抱抱小雯，老王笑著對她說：

「您剛洗過澡，不要累出一身汗，她很沉手！」

「小雯像個氣泡魚兒，長得快。」月仙摸摸小雯的臉說。

「她沒有投錯胎，吃得飽，喝得足，長得怎麼不快？」老王說。「要是生在窮人家裏，恐怕還是個瘦皮猴？」

走走談談，暮色漸漸籠罩下來，我們正預備回去，卻碰見兩個看來只有十六七歲，個子卻長得比我還高大的小洋人，從交蘆橋那邊走過來，他們手裏各提著一串青蛙，不知道是從那裏捕來的？

他們叫著笑著走近我們，突然向月仙吹口哨，作怪相，我們沒有理會，誰知道那個大點的小洋人從月仙身邊擦過時，竟在月仙臉上摸了一把，月仙猝不及防，一聲驚叫，他們兩人卻大笑起來。老王突然把小雯往我手上一塞，趕了過去，厲聲質問：

「小子，你有沒有家教？」

那傢伙根本聽不懂老王的話，也沒有把比他矮小的老王看在眼裏。老王雖然聲色俱厲，他卻嬉皮笑臉，不當回事，分明是存心戲弄老王。

月仙不願生事，又怕老王吃虧，因為老王已經五十多歲，而那傢伙正年輕力壯，兩人面對面站著，更顯得老王矮小，不是對手，所以她連忙對老王說：

「老王，不要惹他，算了。」

「算了？有這麼好欺侮的？」老王回過頭來望著月仙。

想不到那傢伙竟笑著提起手裏的青蛙，往老王嘴裏一塞，老王猛一回頭，一式海底撈月，給他小腹一拳，打得他啊喲一聲，連退幾步，砰的一聲，兩腳朝天倒下。月仙駭得驚叫一聲。而另一個小洋鬼子還不知道天高地厚，竟從老王背後雙手一抄，像個大螃蟹樣把老王夾住。老王頭一低，猛力向後反撞一下，他的後腦殼恰好猛撞在那傢伙的鼻子上。那傢伙兩手一鬆，蒙住鼻子，老王反身一拳，打在他的胸口上，那傢伙也兩腳朝天，鼻血直流。

月仙怕老王還要動手，連忙把他拉住，不停地說：

「老王，算了，算了……」

「小子，瞎了你的狗眼，你以為中國人都好欺？現在可嚐到了味道？」老王指著那兩個躺在地上的傢伙罵。

那兩個傢伙先後爬了起來，望了老王一眼，拔腿就跑，一個摟著肚子，一個蒙著鼻子，嘴裏哇哇叫，像被打痛了的狗，一面夾著尾巴逃跑，一面嗥叫。

「老王，你怎麼下這樣重的手？」月仙笑著問他。

「我還跟他抓癢？不打重一點他怎會夾起尾巴逃跑？」老王反問月仙。

月仙嗤的一笑，隨後又委婉地說：

「何必打他？嚇唬嚇唬就行了。」

「您要知道，我打的不是那兩個小子，我打的是所有橫行霸道的洋鬼子。」

老王這樣一說，月仙便無話可講，她回頭望望我，我對老王說：

「老王，你有道理。」

「何先生，我老王是無理不取鬧，有理不讓人。」老王高興地回答我。

「老王，真抱歉，剛才我沒有幫你一手。」我說。

老王哈哈一笑，望著我輕輕地說：

「何先生，對付那兩個小洋鬼子，還用得著你幫忙？」

「老王，你從那兒學來的這一手？」月仙笑著問他。

「自然有點門道，」老王笑著回答：「不然老東家也不會要我保鏢。」

「平時我們怎麼一點兒也看不出來？」月仙反問。

「俗語說，真人不露相，何況我老王這幾手三腳貓兒，怎麼敢隨便露出來？」老王謙虛地說：「今天要不是您受了委屈，我老王也不會撒野。」

「謝謝你，老王。」月仙說。

「別謝，」老王澹然地說：「古話說：『路見不平，拔刀相助。』何況是您的事兒？我老王就是拚掉這條老命，也得替您出口氣。」

我也向老王說了聲謝謝，老王卻鄭重地向我和月仙說：

「何先生，剛才這檔子事，你們千萬別向東家說。」

「為什麼？」我覺得這並不是一件壞事。

「有錢的人都怕事。」老王輕輕地說。

我和月仙同時點點頭。

老王俯身下去撿起地上的兩串青蛙，月仙笑著問他：

「老王，撿牠幹什麼？」

「紅嬈，小炒，給您壓壓驚。」老王把青蛙高高提起，向月仙一笑，又變成了一個老天真。

暮色籠罩下來，黑暗開始包圍我們，擲筆峰上首先出現了大熊星，漸漸地，藍色的天幕上嵌著一顆顆閃亮的鑽石，彷彿有一隻奇妙的手，在一顆顆地加上去。遊蕩的晚風，穿過樹林，和綠葉竊竊私語。

星星替我們引路，晚風送我們回去。

第二十九章 人在霧中忘富貴 僧為方外有清風

人仰夫婦要遊仙人洞，月仙沒有去過，欣然同意。

人仰掛著照相機，抱著小雯，素雯拿著雨衣，我和月仙也帶了傘和雨衣。

我們出門時，太陽很大，天空飄著幾片白雲，在山下這是標準的晴天，禾苗的葉子會曬得捲起來，土地會曬得像烏龜背。在山上太陽卻沒有那麼大的威力，我們身上沒有汗，手上卻帶著雨傘雨衣。要是在山下，別人看見這個樣子，一定好笑。可是在山上卻習以為常，夏天出門如果不帶雨衣雨傘那就不是老廬山了。

山上的別墅沒有一棟是空的，家家都住了人，花木剪得整整齊齊，草地打掃得乾乾淨淨，洋人多半坐在樹蔭下看書看報，抽煙聊天，孩子們在草地上打滾、遊戲。他們不是在家裏享福，就是出去運動，不像我們中國人喜歡尋幽探勝，而且他們也不大瞭解古蹟的意義，他們愛的是山上的涼爽氣候和自然環境。

路上我們碰見的多半是中國遊客，其中很多是臨時上山遊覽三天兩天的，很少能像洋人一樣在山上安安靜靜的住一個夏天。像人仰一樣能在山上擁有一棟別墅的中國人實在不多。因此旅館飯店的生意特別好。

我們在長衝一帶碰到了一些遊客，有的是去黃龍寺，有的是去五老峰、三疊泉，有不少人是坐著轎子，這又和洋人不同。洋人不擺這個架子，他們要到什麼地方去多半是一身運動衣褲，走路，在山上我很少看到他們坐轎子。

人仰本來也想替月仙和素雯雇轎子代步，但是中途難雇，月仙又對他說：

「我已經走慣了路，用不著轎子。」

這樣他才打消了雇轎子的意圖。而他們夫婦兩人對月仙能在大雪天爬上好漢坡，以及和我去山南走那麼多的路，都嘖嘖稱奇。

「看不出妳這麼金枝玉葉兒的，倒有一股蠻勁？」人仰笑著說。

「菩薩也是修成的，走路也要磨練磨練。」月仙笑著回答。

「現在我坦白告訴妳，」人仰向月仙說：「去年冬天妳和夢華一道上山，我真替妳捏把冷汗，生怕妳——」

「我還不是過來了？」月仙輕輕一笑。

「所以我常和素雯私下說，妳真了不起！」人仰向她豎起大拇指。

「老王一個人在山上住了那麼多年，我只過一個冬天，有什麼了不起？」

「嘿！妳怎麼能和老王比？妳是千金小姐，老王是我父親的保鑣，他湯裏火裏都去過，他住在山上是享清福。」

月仙一笑，伸手去接小雯，人仰搖搖頭，把小雯遞給我，笑著對她說。

「讓他換我一下，妳不要累出一身汗。」

我抱了一會兒，月仙還是從我手裏把小雯接了過去，她實在喜歡小雯。

過白樂天花徑時，忽然雲霧四合，帶來一陣淅淅瀝瀝的驟雨，我連忙從月仙手裏接過小雯，她撐著傘把我們遮住，因為路小難以併肩行走，我們就站在一棵樹下休息。

不到十分鐘的時間，雲霧又散了。人仰從我手裏接過小雯，跟著大隊的遊客向仙人洞前進。

小徑積滿了落葉，路是水漬漬的，兩邊的樹葉也在滴水，涼氣襲人，一點不像三伏天，倒很像初秋的氣候。

剛到仙人洞，錦繡谷底一股濃霧又波濤洶湧地排山倒海而來，不一會兒就升到仙人洞，爬上了佛手巖，洞外是一片迷糊的世界，只聽見遊客談話的聲音，卻不見人影，連洞口那塊「縱覽雲飛」的大青石邊的孤松，也是模模糊糊。

隨雲霧而來的又是一陣不大不小的雨，落在樹葉上窸窸窣窣。我們躲在洞內，固然打不到雨，但洞內也是濕漉漉的，青黑色的洞壁彷彿在出水，有一處頂壁有水點點滴滴而下，滴在下面的小池裏，這就叫做「一滴泉」，又叫做「天泉洞」。巖石刻有「洞天玉液」和「瓊漿」幾個大字。

仙人洞高約兩丈，深廣各三丈多，供奉呂純陽像，有一個道人，香火不絕。我們從一個天然石門進去，看見有些遊客拈香膜拜，隨後又留下幾文香錢。人仰夫婦信基督教，沒有拜，但人仰是個豁達人，也湊趣地留了五毛香錢。我和月仙沒有皈依任何宗教，但對於呂洞賓的瀟灑都頗為欽遲，他的塑像是白面書生模樣，和人比較接近，不像山南那些大叢林裏的大金剛，使人望之生畏。月仙也悄悄地摸出五毛錢，放在香爐旁邊。

我們剛踏出石門，迎面就碰著仙風道骨的戴先生，他穿著藍長衫黑馬褂，笑著讓路，很多人都不認識他，他也樂得作一個普通的遊客。

走出洞來，山頭陽光燦爛，錦繡谷青翠欲滴。人仰立刻取下照相機，笑著對我和月仙說：

「你們趕快站在那塊大石頭上去，我替你們照張相。」

這時石上已經有人在照相，等他們下來之後，我們再上去。

這塊大青石下臨深谷，看下去有點害怕，但是看谷中洶湧的雲霧卻是最理想的所在，因此石上刻了「縱覽雲飛」四個大字。最妙的是從石縫裏長出一棵一人高的孤松，這是照相的最好襯托。

松樹因為是從巨石底下的縫隙中生長出來的，我們又站在石上，所以它只高及我們的前胸，我和月仙並排站在松樹後面，讓人仰拍了一張。

「你們也上來拍一張。」我對人仰素雯說。

人仰正想過來，素雯卻突然對我們連呼兩聲：

「霧來了，霧來了！」

我向後一望，霧又從谷底翻滾上來。我拉著月仙連忙跳下青石，走進仙人洞躲避，霧幾乎和我們同時抵達洞口。

灰色的霧繼續往上升，爬上了佛手巖，飄上了右邊的山頂，變成了乳白色，像棉花一樣爆開，撕裂，終於消失不見，山頂上又是一片耀眼的陽光。

人仰馬上把照相機交給我，抱著小雯，把素雯一拉，笑著說：

「我們快點抓住機會，稍縱即逝。」

他首先跨上巨石，又隨手把素雯一拉，然後一手抱著小雯，一手摟著素雯，神采飛揚地讓我拍照，我的照相技術遠不如他，為了慎重，拍了兩張。

仙人洞附近的古蹟還很多，有竹林隱寺，但是有名無寺，如同太虛幻境，只在岩壁上橫刻著「竹林寺」三字。三字前突出的盤石上有「觀妙亭」，東北百餘步有「訪仙亭」。訪仙亭係明太祖命人訪周顛不遇，建亭紀念，惟已湮沒，新亭興建不過數年。

回來時我們碰到了兩頂空轎子，人仰忽然雅興大發，攔住轎子對我和月仙說：

「我們索性去黃龍寺吃頓素菜，我請客！」

隨即不由分說地把月仙拉上轎，素雯自動坐了上去。

「徐先生，我們坐轎你們怎麼辦？」月仙笑著問人仰。

「我們跑路！」人仰笑著把大腿一拍。

「你們跟得上？」月仙一笑，指指轎伕說：「他們都是飛毛腿。」

「我也參加過萬米賽跑，」人仰豪氣干雲地說。

月仙轉眼望望我，微笑地說：

「你慢慢走好了，不要和徐先生賽跑。」

人仰打了個哈哈。轎伕吆喝一聲，抬起素雯月仙拔腿就跑。

一開始我們就落後幾步，月仙回頭安慰我們說：

「慢慢走好了，我要了緣泡好雲霧茶等你們。」

「她想得真周到。」人仰輕輕地說。

「她很會替別人想。」我說：「只是常常忽略自己。」

「她這份德性實在難得。」人仰接著說：「比她漂亮的女人自然還多，惟獨這份德性實在少有。」

轎伕跑得很快，月仙聽不見人仰的話，我怕人仰只顧談話，距離越拉越遠，提醒他走快一點。

到黃龍寺是下坡路，轎子繞著山轉，彷彿繞著一個個磨盤。小雯一發現我們就大聲喊叫，山鳴谷應，人仰天真地把雙手搭在嘴上，捲成圓筒，學泰山的模樣，大聲回答，山谷裏就迴響著他們父女兩人的聲音。

我們離黃龍寺還有里把路，轎伕就打了轉身，他們向我們得意地說：

「兩位還在這裏？」

「如果讓你們去跑萬米，一定可以拿到錦標。」人仰笑著回答。

轎伕不懂萬米和錦標是什麼意思，咧咧嘴，又邁開大步急走起來。

我們走到黃龍寺後面就被月仙望見了，她和一堆人坐在大寶樹底下。她抱著小雯來接我們，小雯一叫，人仰就不顧我，扯開步子向下跑，把女兒接在手裏，親了幾下。月仙繼續向我走來，我也加快步伐。

「轎伕真是飛毛腿，又不肯停，」月仙笑盈盈地迎著我說：「不然我應該讓你坐坐。」

「沒有多少路，一頂轎子何必兩個人坐？」

「告訴你一個好消息，顏先生也來了。」

我和慧真方丈好久沒有見面，也沒有想到顏先生會來，我在山上來往的人除了馬蘭父女之外，就只他們兩位，今天都碰在一塊，倒真是一件愉快的事。

「顏先生在那裏？」

「正在大寶樹下和慧真方丈下棋。」月仙指指下面的那棵大寶樹說，但是我沒有看到，因為看棋的人把他們遮住了。

我走到大寶樹下，看到顏先生和慧真正在聚精會神下棋，人坐在石凳上，棋盤擺在石桌上，眼睛盯著棋盤，手在石桌上輕敲，我向他們兩人招呼了一聲，他們都抬頭望我一眼，顏先生風趣地對我說：

「賢弟臺，你來得正好，作個見證，看我打下黃龍寺的擂臺。」

慧真也笑著歡迎我，我乘機介紹人仰和顏先生認識，顏先生站起來和人仰握握手，爽朗地說：

「對不起，下完了這盤棋我再向閣下請教。」

「老前輩不必客氣。」人仰客氣地回答。

慧真和人仰很熟，他們已經打過招呼，不再客套。

旁邊石桌上的紅漆托盤裏面擺了瓜子、筍乾和兩碗雲霧茶，素雯拍拍石凳對我說：

「坐下來休息一下，喝杯茶解渴。」

她自己在悠閒地嗑著瓜子，一派雍容華貴的樣子。

人仰、月仙和我都圍著這張石桌坐下。素雯把茶遞給我，月仙也連忙把茶遞給人仰。

了緣好像很忙，跑進跑出，他似乎又長高了一些，也胖了一些，有點像個小羅漢了，完全不像他師父慧真那副清癯樣子。當他發現我時，走過來向我咧咧嘴說：

「何先生，你又有好久沒有來了！今天有好菜，你來得正好。」

「什麼好菜？」我笑著問他。

「嘿！雞、鴨、魚、肉齊全，還有香椿豆腐、腐竹，……」說到這裏他忽然停頓下來，眼皮向上翻了幾翻，又瞇著眼睛向我說：「我不掌廚，菜實在太多，說不出名堂來，再說我就要流口水了！」

素雯嗤的一聲，了緣的臉一紅，立即灑開步子跑進寺去。

坐在大寶樹的濃蔭底下，非常涼爽。黃龍潭的瀑布聲，隱約可聞，如輕微的鐘鼓之音。一面嗑瓜子，吃筍乾，喝雲霧茶的素雯笑著對人仰說：

「這真比泡夜總會好。」

「夜總會怎麼能比神仙府？」人仰怕人聽見似的故意輕輕地湊近素雯說。

小雯很喜歡筍乾，小嘴不停，她像她媽媽一樣會吃，她媽媽日常把五香瓜子當零食，黃龍寺的筍乾，也很對她的口味，吃著，吃著，素雯突然望著小雯一笑：

「妳不要像媽媽一樣好吃，你應該學學阿姨。」

「屋簷水點滴不差，有其母必有其女。」人仰笑著插嘴。

「她未必全像我？」素雯望著人仰說：「多少總有幾分你的好德性。」

人仰望望我們不禁失笑，月仙把小雯抱在懷裏，親了一下：

「不管像誰？我喜歡小雯。」

小雯也在月仙臉上親了一下，天真地說：

「我也喜歡阿姨。」

「這小丫頭快要不認我們了。」素雯指指小雯望著人仰說。

「有這麼好的阿姨，她自然不要我們。」人仰笑著說。

「小雯，快去和爸爸媽媽親親。」月仙笑著對小雯說，同時把小雯送到素雯的懷裏。

小雯摟著素雯的頸子在她臉上親了一下，素雯高興地笑了起來。

慧真和顏先生的棋勢相持不下，他們兩人下得起勁，我們也看得起勁，不知不覺被霧包圍起來，等我們發覺時，山谷裏已經是一片霧海，連黃龍寺和大寶樹頂也看不見了，濛濛的雨水落在我們的身上，落在棋盤上。

「算我輸，算我輸。……」慧真把棋子一摸，笑著站了起來。

「黃龍寺的擂臺真不好打，甘拜下風，甘拜下風。」顏先生也笑著站起來，向慧真拱拱手。

「你要是不給我留點面子，這頓飯菜我就不給你吃。」慧真向顏先生打趣地說。

「為了這頓飯菜，我自然會輸掉這盤棋，」顏先生笑著回答：「不過我要讓你和尚窮緊張一下子。」

顏先生的話使我們大家都笑了起來。

遊黃龍潭、烏龍潭的客人都被大霧趕了上來，老遠就聽見他們的談話聲、笑聲和彼此的呼喚聲，可是不見一個人影。直到他們走近，才發覺男男女女一大串，像條長蛇陣，蛇頭到了大寶樹腳下，蛇尾大概還在黃龍潭。

慧真收拾好了棋盤棋子，帶領我們回黃龍寺，一直把我們帶到他樓上的客房了緣隨即跟了上來，忙著倒茶招待。

開飯前，慧真抽身下樓，先向我們打了一個招呼：

「對不起，我下樓去看看就來。」

慧真走後，顏先生和人仰夫婦談得很起勁，我和月仙走到外面的走廊上看霧。

這真是一場大霧，整個山谷塞得滿滿的，灰沉沉的，周圍的山頭全部失蹤，那兩棵大寶樹和它們旁邊的大白果樹，也只能隱約地望見一點模糊的身影。

「我真沒有想到夏天的廬山有這麼多的霧？」月仙驚喜地說。

「不然那有這麼涼快？」

「不但涼快，而且美，」月仙接著說：「我現在才體會到『只在此山中，雲深不知處？』這兩句詩的意味。剛才那些遊客在霧裏談笑聽來多有意思？我們不也像站在半天雲裏？」

「妳這一形容，我們真成了活神仙了。」

「人生何必追求什麼榮華富貴？住在雲裏霧裏不是更有意思？」她輕輕一笑。

「有幾個人真能看破紅塵？素雯絕不肯放棄她少奶奶的生活，人仰也離不開十里洋場的上海，連那些傳教士也是上山來趕熱鬧的，結果只留下和尚、道士、尼姑坐領清風明月，吞雲吐霧。……」

我還沒有講完，月仙就笑了起來，隨後又止住笑說：

「還是這些方外人最有福氣。」

「古居士怎麼誇獎起我們來了？」慧真在我們後面笑著說，我們沒有注意到他怎麼上樓來？

「得罪，得罪！」月仙連忙轉身陪笑：「我不該在背後信口雌黃。」

「古居士的話很有道理，」慧真點點頭：「我們方外人福薄，也只能享七分風水，三分明月，和這滿山的雲霧。」

「慧真方丈，你真太富足了！」月仙笑著說。

慧真莞爾一笑，隨即向我們把手一伸說：

「請，現在我們可以吃飯了。」

一進慧真客房，就發現紅漆方桌上，擺了幾大海碗素菜，了緣還在一樣樣往上端，直到擺滿為止。

顏先生看了向慧真打趣地說：

「我先跟你說明，我是吃了抹抹嘴就走的，我可付不起你的飯菜錢，你不要看錯了主顧。」

素雯和人仰都笑了起來，人仰笑過之後又對顏先生說：

「老前輩，你放量吃好了，今天由我作個小東。」

「徐先生，」慧真向人仰說：「顏處士在黃龍寺照例白吃，貧僧拆東牆補西牆慣了，你也不必破費，今天算我請客。」

「徐先生，你們也放量吃吧！」顏先生笑著向人仰夫婦說：「黃龍寺是吃不窮的。」

顏先生的話又使我們笑了起來，慧真自己也好笑。

霧逐漸散開，大寶樹露出了尖頂，鐵船峰也露了出來，鐵船浮在霧上，真像一隻孤舟飄在海上。月仙歎為奇觀，慧真卻笑著對她說：

「古居士，我講個故事給妳聽好不好？」

月仙笑著點頭，立刻屏息靜聽。我們也不作聲，聽慧真講故事：

「從前有許旌陽、吳猛兩個人，共乘一艘鐵船，兩條龍挾著船行，教他們不要張開眼睛。船到紫霄峰，樹林沙沙響，他們兩人禁不住張眼偷看，忽然轟隆一聲！船就掉下來了！幸好是鐵的，所以沒有摔壞。這就是鐵船峰的由來。」

素雯和人仰聽了好笑，顏先生笑著對我們說：

「和尚扯謊，不要信他的。」

慧真幽默地對大家說：

「貧僧姑妄言之，諸位姑妄聽之。免費，免費！」

「識趣，識趣。」顏先生笑著說：「免得我砸你的金字招牌。」

霧散之後，遊客陸續到來，寺前停了好幾頂轎子，不是有錢的闊佬，就是有身份的貴人。我們怕耽誤了慧真方丈的正事，適時結束了這頓豐富的午餐。

慧真方丈先下去招待客人，人仰摸出兩張五塊錢一張的大鈔票塞給了緣，囑咐他說：

「等我們走後，你再交給師父。」

了緣連忙點頭，又自作聰明地說：

「我懂得，你怕師父不好意思收下是不是？」

我們不禁失笑，顏先生開他的玩笑說：

「了緣，你可不能上自己的腰包？」

「師長！」了緣向顏先生憨笑：「我小和尚又沒有吃熊心豹子膽，當著你大人大面，我怎麼敢藏私？」

顏先生笑著摸摸他的光頭，親切地對他說：

「以後可不准再叫我師長。」

「怪！你又不是冒充的，怎麼不准我叫？」了緣憨笑地望著顏先生。

「了緣，叫先生就好了。」月仙對了緣說。

「先生大還是師長大？」了緣問月仙。

月仙一時語塞，顏先生卻風趣地回答：

「先生大，和尚更大。」

了緣大笑起來，環顧了我們幾人一眼，喃喃地說：

「笑話，笑話……」

顏先生笑著把我一拉，輕輕地說：

「老弟，我們遊黃龍潭去。」

於是，我們一行跟著顏先生去黃龍潭。

這次和我們上次來時不大相同，上次只有我和月仙、馬蘭、了緣四人，現在是山陰道上，遊人如織，靜寂的千年古潭，如同鬧市。

我們夾在人潮中遊了一會兒，又回到黃龍寺，因為慧真方丈正陪著幾位要人闊佬談天，我們不便打擾，也沒有告辭就逕自回去。

我們和顏先生在交蘆橋分手時，人仰夫婦誠懇地邀請顏先生顏太太來心園吃便飯，顏先生笑著說：

「內人她三寸金蓮，她走到心園來恐怕要兩三天。……」

顏先生的話沒有說完，素雯和月仙就噗哧一聲笑了起來。顏先生卻繼續說：

「所以我還是歡迎你們帶小寶寶到太乙莊去，她想孫兒快想瘋了，我真有點罪過！」

月仙和素雯又笑了起來。

突然，一道彩虹出現在兩山之間，像一座五彩的拱形吊橋，搭在兩邊的山峰之上。月仙首先發現，不自覺地叫了一聲：

「喲！真美！」

顏先生看見了馬上點頭撫掌一笑，隨後又遺憾地說：

「可惜我老太婆沒有來。」

第三十章　馬蘭話中有酸楚　老王腳下討公平

我們到達網球場時，詹姆士夫婦正在打球，馬蘭陪著兩個孩子玩。他們一看見我們馬上表示歡迎，馬蘭和月仙幾天不見，顯得非常親熱，她和月仙絮絮不休，月仙不時摸摸她金黃的大辮子。

「天氣熱了，妳怎麼不把頭髮剪短？」月仙問馬蘭。

「這樣也很涼快。」馬蘭說。

「現在不作興梳辮子。」

「北方大姑娘，還有人梳大辮子。」

「妳喜歡梳辮子？」

「梳個辮子是不是有點像中國大姑娘？」馬蘭望著我天真地說。

雖然梳了辮子還是不像，但我不願掃她的興，只好笑著點點頭。

本來是詹姆士夫婦兩人單打，現在卻變成了詹姆士夫婦和入仰夫婦雙打，我和月仙索性同馬蘭坐在樹蔭底下的靠椅上聊天。

詹姆士人高手長，球打得很好，但是他太太很胖，腰身像隻大水桶，身子遠不如素雯靈活，所以這麼一拉扯，他們兩對剛好勢均力敵，打了兩盤，各勝一盤。

打完第二盤之後，詹姆士突然笑著向我和月仙招招手，用不太熟練的中國話對我們說：

「我們要去牯嶺一趟，你們兩位來打。」

說過之後他們雙雙把網球拍子遞給我們，詹姆士太太又笑著捏捏月仙的手，輕輕說了一聲 wonderful。

他們沒有把孩子帶走，只囑咐了馬蘭幾句，要馬蘭好好地照顧。那兩個孩子雖然相當頑皮，但和馬蘭處得很好，左一個 sister，右一個 sister，叫得相當親切，常常打斷馬蘭和我們的談話。

入仰看我們接過球拍，笑著對我們說：

「好，你們走馬換將，以逸待勞，我們一定要輸。」

「我們不是你們的對手，惟願你們手下留情。」月仙笑著接嘴。

「不要長他人志氣，滅自己威風。」我笑著對月仙說。

「你看我這身旗袍？」月仙指指自己的衣服說。她本來沒有準備打球，也不喜歡穿別的服裝，穿旗袍自然不宜於奔跑。

果然一交手，我們就居於下風，入仰本來就是一個運動健將，十八般武藝，樣樣能來，網球也打得很好。素雯雖然平日養尊處優，可是身體保養得好，不但有少女的曲線，也有少女的活力，加上她穿的是短袖襯衫長褲，跑起來很方便。月仙的旗袍使她無法放開步子奔跑，速度減低很多，加之她的手勁弱，抽球殺球都很容易被他們接住，所以形成了一面倒的局勢。連輸兩盤之後，她笑著對馬蘭說：

「馬蘭，妳來替何先生翻翻本，我不行。」

馬蘭笑著跑過來，月仙把拍子交給她，笑著對我輕輕地說：

「對不起，我失了你的面子。」

「打球如下棋，只為好玩，豈為輸贏？」我輕輕回答。

她愉快地離開球場，走到樹蔭底下，和詹姆士的兩個孩子玩。

馬蘭一上場，情勢立刻轉變過來。她穿的是裙子，跑得快，身子一旋轉，裙子就像傘一樣地張開，有一種優美的旋律。她接得住球，也抽得重，殺得重，殺得好。素雯跑得氣喘吁吁，笑著向我抗議：

「不行，你們找了一個網球選手和我們打，太不公平。」

「你們贏了兩盤，也讓一盤才有點意思。」我說。

素雯這才滿意地一笑。

這一盤我們果然贏了。人仰他們連打了五盤，有點累，我對運動向來是適可而止，我也不想再打，我們就此收兵。

「妳打得很好。」人仰一面用毛巾擦汗，一面讚揚馬蘭。

「我要不是搬了救兵，那不全是你們的天下？」月仙笑著插嘴。

「今天我第一次看見妳出汗，」素雯指指月仙說：「輸了球也值得，不要老是文文靜靜作個女秀才。」

月仙被素雯說得一笑，又仰臉問她：

「是不是我落伍了，趕不上時代？」

「那倒不是這個意思，」素雯連忙搖頭：「我是說妳太斯文太古典了。」

「幸好我沒有包小腳，進的是洋學堂，不然妳要把我看成老古板了。」

素雯一笑，又轉眼望望馬蘭，把她的大辮子豎起來說：

「妳要是梳成道士頭多好？」

「那就更是野洋婆子了！」馬蘭自嘲地說。

「洋婆子有什麼不好？」素雯笑著問。

「太野，不像個女人，中國男人不喜歡。」馬蘭說。

「誰不喜歡？」人仰笑著問。

馬蘭望了我一眼，沒有作聲，月仙把老王不讓馬蘭進屋的那件事，講了一點，他們都同情地望了馬蘭一眼，人仰笑著說：

「老王那個老古板。」

「妳要是穿著藍竹布短褂，黑長褲，那就有點像中國大姑娘了。」素雯望著馬蘭說：「要不然，妳就把辮子剪掉，把頭髮燙好，穿上滾邊旗袍，那就像個時髦小姐了。」

馬蘭望望月仙，然後搖搖頭說：

「不行，別說我眼睛、鼻子、皮膚都不對勁，光是她那幾步路我就走不來。」

月仙聽了微微一笑，素雯指指月仙笑著對馬蘭說：

「她走路也沒有什麼巧嘛！」

「妳看來不巧，」馬蘭望望素雯又指指月仙：「她那從從容容，輕輕巧巧，像仙女下凡的樣子，我一輩子也學不會。穿旗袍走路，就要她那幾分優雅，像我這樣子一步三尺遠，一步一個腳印，那成什麼樣子？」

素雯和月仙都被馬蘭說得笑了起來。

詹姆士的兩個孩子吵著要回家，我把拍子交給馬蘭，那男孩子又從馬蘭手裏搶了過去，在手上揮舞。

我們和馬蘭分手時，她向我們說了聲「再見」。詹姆士的兩個孩子卻揚揚手急急風地說了兩聲「拜拜」！

我們踏過小橋，小雯提著竹籠子跑來歡迎我們。小雞已經長了翅膀尾巴，認得出公母，顏太太無意捉成對兒，牠們恰好是一公一母。老王閒來無事，就陪小雯抓小青蛙、挖蚯蚓、捉蚱蜢給小雞吃，因此小雞長得特別快，也特別健康，只是性子馴得很，打開籠子放出來，牠們也不走遼，而且會自動鑽進籠子裏。牠們日長夜大，籠子已經嫌小了。人仰抱著小雯，看看籠裏的小雞，笑著對女兒說：

「雞雞快要生蛋了，妳還把牠們關在小竹籠裏？」

「王爺爺，」小雯馬上指著站在門口的老王說：「你給我做個大籠子，生了蛋給你吃。」

「籠子大了妳提不起。」

小雯不知怎樣才好？睜著大眼睛望望人仰、素雯，又望望我和月仙，素雯看了好笑，輕輕地擰擰她的小臉蛋說：

「小東西，妳是自找苦惱。」

月仙拍拍手，把她抱了過來，一直抱進屋子。

我們打球出了一身汗，洗了個澡，浴後一身舒服。房子裏清涼得很，陣陣山風，輕移蓮步，穿進竹林樹林，從窗口進來，打個轉身，又從窗口出去，這樣川流不息，使我們遍體生涼。

下午五點左右，馬蘭過來請我們去吃晚飯，詹姆士還寫了一張紙條帶來，表示十分誠意，於是我們和素雯夫婦帶著小雯同去。

詹姆士夫婦熱忱地歡迎我們，他們在院子裏的草地上擺了一張小圓桌，幾張新籐沙發，招呼我們坐下。

山上一到下午五點就沒有太陽，加上院子裏的大楓樹，枝葉繁茂，涼風習習，真像置身天上。

馬蘭給我們每人一杯咖啡，沒有瓜子，也沒有餠乾，咖啡還帶點苦味，小雯喝了一口就吐出來，小腦袋連說兩聲「不要」。

素雯有點尷尬，連忙接過杯子。

詹姆士和人仰談得很起勁，他們用英語交談，不時夾用幾句中國話。詹姆士太太和月仙好像有緣，她的極有限的幾句中國話，和月仙的勉強夠用的英語，再加上彼此的手勢，倒也很少冷場。詹姆士太太還不時爆發出宏亮的大笑，和月仙的輕盈淺笑，恰成對比。她和月仙差不多高矮，身體卻有月仙的兩個粗，肚子抵得上三四個。素雯看著她們兩人想笑，但又不好笑出聲來，只好和我搭訕幾句。馬蘭一面做事，一面也偶爾和我談幾句。馬林斯基在廚房裏一直沒有出來。

詹姆士夫婦既誠心請我們吃飯，我以為他們一定要準備不少菜，想不到馬林斯基拿出來的竟是一片片切好的麵包，烤都沒有烤，一盤沙拉，一盤生包心菜葉，一瓶草莓果醬，一碟子牛油，如此而已。

馬蘭分給我們每人一隻盤子，一副刀叉，就各人自已動手。

詹姆士夫婦和馬蘭父女，在麵包上塗點果醬牛油，夾兩片生包心菜葉，就用手往嘴裏送，吃得津津有味，彷彿無上珍饈。詹姆士的兩個孩子也是一樣，把沙拉更當作寶貝。

我們幾個人卻是慢嚼細嚥，沒有一個人對這種東西有興趣。素雯更像吃藥一樣難以下咽，又不好意思吐出來。

我們草草吃完之後，馬蘭又送給我們一杯黑咖啡。我們稍微坐了一會兒就起身告辭，人仰同時宜佈請詹姆士夫婦全家和馬蘭父女明天過心園吃晚飯。

離開詹姆士家以後，素雯輕輕地對人仰說：

「你怎麼要請他們吃飯？」

「還個禮，讓洋人見識見識。」人仰笑著回答。

「我們三家村的人請客也不會這麼寒傖！那種東西送我們娘姨都不吃，他們還好意思請我們？」素雯微慍地說。

「他們脫離茹毛飲血的時代不久，還能弄出什麼口味來？兔兒請客，青草一堆，人家也是一番盛意。」

人仰妙語解頤，素雯立刻消痰化氣，粲然一笑：

「明天我自己弄幾樣小菜，饞死洋鬼子。」

月仙聽了好笑，素雯馬上對她說：

「妳也亮兩手兒，讓他們學學乖。」

「妳食不厭精，膾不厭細，妳的法寶多，何必要我獻醜？」月仙笑著回答。

「隨便弄樣鄉裏人吃的豆豉炒辣椒，洋鬼子也會當鳳肝龍肉！」素雯刁鑽地說。

「那不辣死他們？」月仙望著素雯想笑。

素雯掩著嘴噗哧一聲，我和人仰都笑起來。人仰對素雯說：

「妳何必整洋人？」

「這都是我們的祖傳法寶，我還怕洋鬼子剽學去了哩！」素雯風趣地回答。

「妳放心，」人仰笑著說：「洋人只會學我們的羅盤指南針，不會學妳弄菜。」

「管他的，我還是要留一手兒。」素雯吃吃地笑。一走到家，她就要老王弄飯吃。

老王以為她是開玩笑，詫異地說：

「少奶奶，你們不是在洋人家裏作客，剛放下碗筷嗎？」

月仙告訴他說我們都沒有吃飯，老王知道實情以後，搖搖頭說：

「洋鬼子真寒傖，怎麼這樣猶太？我們就是當褲子也要讓客人吃個酒醉飯飽。」

「老王，明天你亮幾手兒好了，我要請客。」素雯說。

「您想回禮？」老王歪著腦袋問。

素雯點點頭，老王笑著說：

「那還不簡單？弄兩樣豆腐乳、酸醃菜好了。」

「老王，明天你得起個早，去牯嶺買幾樣好菜。」人仰說。

「少爺，那洋人不是小魚釣大魚？」老王說。

「禮尚往來，我不計較這些。」人仰說：「待客總要像個樣子。」

老王頭一點，連忙趕去弄飯。

第二天，老王忙了一整天，月仙和素雯也夾在中間忙了一陣，晚飯時，大圓桌擺滿了一桌菜，詹姆士他們看了驚喜不置，唧唧哇哇。他們叫不出名字，指東指西，人仰告訴他們那是清蒸雞，那是冬瓜盅肉，那是醋溜鮮魚，那是紅燒蹄膀，那是炒田雞，那是芙蓉蛋，那是獅子頭，那是燉甲魚……他們筷子調羹齊來，詹姆士太太咧著嘴笑，她的口頭禪 wonderful 不斷溜出來。

馬林斯基的食量大，他低著頭吃，不講話，他用筷子比詹姆士夫婦熟練一些，所以吃得也快。

詹姆士的兩個孩子完全不會用筷子，老王給他們一人一柄叉子，還要馬蘭幫忙。小雯比他們小得多，用筷子卻用得很好。

這頓飯吃得洋人個個開心。馬林斯基大概吃得太飽，不時摸摸肚皮；詹姆士夫婦有點不好意思，詹姆士用生硬的中國話對人仰夫婦說：

「你們太慷概了！」

「小意思，小意思。」人仰笑著回答。

「以前我在宮裏也沒有吃過這樣的好菜。」馬斯基摸摸肚皮說。

馬蘭把月仙叫到一邊，輕輕地對她說：

「妳們的菜做得真好，可不可以教教我？」

月仙望望素雯，素雯走了過來，當她知道馬蘭的意思之後，打趣地說：

「除非妳嫁給中國人？」

馬蘭望了素雯一眼，感傷地說：

「妳們講究龍配龍，鳳配鳳，又要門當戶對，誰要我這個倒楣的白俄？」

素雯聽馬蘭這樣說，連忙拍拍她的肩膀安慰她：

「好！日後我傳妳幾樣拿手菜。」

馬蘭高興地一跳，素雯又打趣地說：

「妳可不能再傳給別人？」

馬蘭笑著點點頭。月仙輕輕地對她說：

「我不會做菜，我也教妳一樣粉蒸肉好了。」

馬蘭高興地把月仙一抱，在月仙臉上親了一下，月仙尷尬地一笑。

飯後人仰又把詹姆士夫婦招待在我們書房裏喝茶，馬蘭父女帶著詹姆士的兩個孩子先回去。

馬林斯基吃飽了背脊也似乎挺直了一些，只是走起路來蹣跚得像一個快要足月的孕婦。馬蘭怕他跌倒，小心地攙扶著他。

老王替詹姆士夫婦一人泡了一蓋碗雲霧茶，在他們面前放了一盤五香瓜子。人仰把留聲機打開，放平劇唱片給他們聽。

雲霧茶沒有咖啡那麼刺激，味道卻清香雋永，他們兩人不禁點頭微笑。他們不大會吃瓜子，素雯親自示範，但他們沒有她吃得那麼快，那麼好，只好放棄這個享受。

平劇他們更是一竅不通，可是聽得出神。人仰不時替他們解釋劇情，但也只能講個故事梗概，對於唱腔和韻味卻無能為力。

他們兩人看我們聽得非起勁，人仰還搖頭晃腦，用手在膝蓋上敲著板眼，嘴裏輕輕地哼唱，竟大笑起來，邊笑邊說：

「wonderful! wonderful!」

他們對於飯後這個節目很有興趣，坐了一個多小時才起身告辭。我們把他們送到小橋邊，他們說了好幾聲謝謝。

「今天他們才真是老鼠掉進糖罐裏，『枉得福』！」詹姆士夫婦走遠之後，素雯笑謔地說。

「我看洋鬼子是烏龜吃大麥，」站在院子門口的老王笑著接腔：「那個俄國老倌說不定會脹出毛病來？」

可是由於這一交往，我們和詹家處得很好。以後來往更形密切。

一天黃昏時分，我又和月仙帶小雯出來散步，老王也跟著出來，因為人仰有躺在澡盆裏小睡的習慣，素雯浴後還要化粧，不但把自己身上弄得香氣襲人，房間裏她也要灑些花露水，彷彿佈置洞房一般。老王看看有點不耐，所以跟我們出來散步。

我們仍是走老路，從心園到交蘆橋。

也許是冤家路窄，就在上次老王和那兩個小洋人打架的地方，我們碰到了那個大一點的小洋人和他的父親——一位四十多歲，高大健壯，上唇留了兩隻釣魚鉤兒似的粗鬍子的洋人。

他兒子一看見老王就指著老王哇哇叫，大洋人知道老王是兒子的冤家對頭，釣魚鉤兒似的鬍子馬上向上翹了幾下，粗魯地質問老王。老王不懂英語，兩眼怔怔地望著他。聽他的發音，看他那種傲慢的態度，我猜想他是英國人。我向他解釋那天的經過情形，可是彷彿鴨子背上澆水，他一句話也聽不進，只聽他兒子的片面之詞，向老王大聲吼叫，要老王向他兒子叩頭道歉。

「老王，他要你向他兒子磕個頭，陪個禮。」我對老王說。

老王馬上暴跳三尺，罵了起來：

「去他娘的！我老王活了五十好幾，會向他小王八羔子磕頭陪禮？不要折了他的陽壽！何先生，我不會放洋屁，你對他說，刀架在我老王的頸子上，我老王也不會皺一下眉，要我老王磕頭陪禮，去他娘的！呸！」

老王的口水吐在地上，黃沙都飛揚起來。我還來不及向那個洋人譯述老王的意思，他就給老王劈面一拳，這一拳實在很重，打得老王倒退五六步，才穩住身子，鼻血直流，月仙驚叫一聲，小雯也嚇得哭了起來，緊緊地摟住我的頸子，那小洋鬼子高興得拍手大笑。

老王像一頭受傷的猛獸，讓鼻血直流，卻一步步向洋人走去，他的兩眼紅得冒火，那洋人待他走近時又向老王猛揮一拳，看他那出拳的姿勢，是一個拳擊行家。但他這一拳沒有打中老王，老王本來比他矮一個頭，就在那洋人揮拳的同時，他迅速地把身子一挫，一腦殼撞在那洋人的小腹上，那洋人哼了一聲，倒退兩步，老王跟著飛起一腳，把那洋人踢得人仰馬翻，像一截大樹一樣轟然一聲倒了下去。

他兒子驚叫一聲，飛奔過去。但那洋人的身體實在太好，他把兒子推開，隨即爬了起來，雙手握拳，向老王衝來。

老王早有準備，立樁以待，等他衝近，突然身子一旋，雙手在地上一點，反身一個掃堂腿，掃在那洋人膝蓋以下的腳骨上，他本來前衝的身體，經老王從下面向後一掃，立刻跌出一丈多遠，像一隻大青蛙，四腳一伸，仆在地上。

他的兒子又飛奔過去，這次他沒有把兒子推開，拉著兒子的雙手，慢慢地坐起來，雙手護著腿骨，兩條濃眉鎖在一塊，釣魚鉤似的鬍鬚不再向上翹，反而向下拉了下來。

過了好半天，他兒子把他抱了起來，他扶著兒子的肩膀，一步一拐，我連忙趕過去安慰他，隨後又鄭重地對他說：

「這完全是一場誤會，你們最好不要把靠在九江的兵艦開上山來。」

他一聲不響，額上冒出黃豆大的汗珠。

他兒子挾著他，一步一拐地向猴子嶺那邊走去。

老王的鼻血還沒有停止，我要他仰在地上躺一會，月仙用浸濕的手絹替他揩血，揩了又在路邊的小澗裏洗洗，再為他揩，隨後他在荷包裏摸出兩張草紙，塞住鼻孔不讓血再流出來。

「老王，起根發苗，都只怪我。給你惹了這麼大的麻煩，真對不起！」月仙抱歉地說。

「這怎麼能怪妳？」老王說。

我和月仙沒有作聲，老王又說：

「兩位現在該明白我老王為什麼討厭洋人？我並不完全是老古板，只是心裏不平得很！幸好我老王學過幾手三腳貓兒，這兩檔子事如果是換了別人，那不只好捏著鼻子喝一盅？」

的確，不要說是換了別人，那天如果不是老王一道，我和月仙就沒有辦法出那口氣，今天的情形自然更糟，我就是拚了性命也打不過那個英國人的。

「老王，幸虧有你，」月仙說：「不然我們就要受這口惡氣。」

老王身子一挺坐了起來，他的嘴腫了半邊，鼻血卻未再流。他站起來拍拍屁股，從我手上把小雯接了過去，小雯天真地問他：

「王爺爺，你痛不痛？」

「小雯，我也是人生父母養的，又不是石頭縫裏鑽出來的，怎麼不痛？」老王笑著回答。

「老王，那洋人恐怕傷得不輕吧？」月仙問他。

「要是我年輕十歲，保險他成殘廢。」老王說。

「老王，你的腳上功夫真不賴。」我說。

「現在老了，差遠了！不是我老王胡吹，年輕時我能一口氣踢斷十根碗口粗的杉木樁子。」老王說。

「幸好黃忠上了年紀，不然今天準出人命。」月仙說。

「你們兩位最好還是不要告訴東家。」老王說。

「你的嘴巴鼻子怎麼遮的過去？」月仙望著他說。

「唉！」老王輕輕一歎：「只怪我不小心，居然掛了彩。」

回到心園，素雯一眼就發現老王的樣子不對，馬上問他：

「老王，你和誰打了架？」

老王不作聲，我和月仙只好原原本本地說出來，免得他受委屈。人仰聽了以後對老王說：

「老王，不是我怕事，以後你還是忍耐一點兒，不要惹出麻煩。」

「少爺，你放心，好漢作事好漢當，要是真的出了事兒，上殺場我去。」老王說。

「老王，你不要在老虎頭上抓癢，犯不著。」素雯說。

「少奶奶，」老王衝著素雯說：「要是那小王八羔子在您臉上摸一把，您看我老王該不該袖手旁觀？」

素雯一時語塞，過了一會兒才用蘇州話輕輕地罵了一句：

「殺千刀的，沒家教。」

「少奶奶，對付洋人，不能用您們蘇州人的辦法，光是嘴上罵罵，捋捋袖子是不行的。」老王調侃地說。

月仙把小雯抱了過來，支使老王走開，抱歉地對素雯說：

「只怪我不好，不該出去散步。」

「這也不能怪妳。」素雯說。

「如果是你是我，今天都要吃大虧。幸好是老王，才降得住洋老虎。」我說。

人仰聽了欣慰地一笑，輕輕地對我說：

「你知道我心裏是很服老王的，可是嘴上不能不潑他的冷水，要是打出禍來，那我真是吃不了兜著走。」

幸好沒有出事。第三天早晨，我在猴子嶺上碰見了那個英國人，他拄著拐棍散步，走路還不十分方便，見了我卻先 Hello 一聲，十分客氣，還和我攀了半天交情，前倨後恭，判若兩人，這完全出乎我的意外。當我把這情形悄悄地告訴人仰時，人仰輕輕地說：

「老王是有點兒道理。」

第三十一章 樹頂鳥鳴天作怪
街頭人語眼圈紅

清早起來，天氣就有點陰陰暗暗，一種奇怪的鳥兒在樹上一聲聲叫喚：

「天作怪！天作怪！」

月仙聽了兩眉一鎖，又抬頭望望樹上，輕輕地問我：

「奇怪！這是什麼鳥兒？」

我望望濃密的樹頂，枝葉太多，沒有看見什麼。然而「天作怪！天作怪！」的叫聲卻從樹頂上流瀉下來。

月仙向樹上喝叱幾聲，也沒有反應，因為樹太高，她的聲音很輕，那奇怪的鳥兒可能根本沒有聽見。她一向很愛護小動物，我叫她不要趕，她笑著遵從了我的意見，卻帶著幾分憂鬱說：

「這聲音聽得我心裏很不好過！你有沒有這種感覺？」

我也不歡喜聽這種鳥聲，心裏也有點納悶，可是表面上卻若無其事，笑著搖搖頭說：

「鳥兒也是扁毛畜生，能有多大的靈性？牠的祖先這麼叫，它也只好這麼叫了，我們總不能希望牠把『天作怪』叫成『喜臨門』吧？」

月仙聽了輕輕一笑，兩眉自然鬆開，印堂顯得更加廣闊。

人仰夫婦還未起來，小雯也在睡覺，昨夜夜涼如水，蓋床四五斤重的薄被睡得非常舒服，所以他們起得更晏了。

我和月仙向交蘆橋那邊慢慢行走，「天作怪，天作怪」的叫聲不時從樹上傳來，間或夾著幾聲有氣無力的蟬鳴。

走到老王和洋人打架的地方，我們不自覺地停了下來，我心裏對老王更加敬重。但是老王還不知道他這兩架打下來，很有點益處，因為我沒有告訴他，人仰更怕長了他的志氣，絕口不提那英國人的事。

我們散步回來時，老王已經把早餐準備好放在桌上，只等人仰夫婦來吃。

小雯先跑到我們房裏來，爬在月仙身上，親親熱熱叫了一聲「阿姨」。

月仙一見了小雯就很高興，和她輕言細語地談笑，小雯快樂的笑聲，趕走了那不愉快的「天作怪」的鳥聲。

早餐後，人仰夫婦拉著我和月仙去牯嶺理髮。我們到第一次去的那家理髮店看了一下，早已客滿，那位梅蘭芳型的理髮師，正在為一位洋太太做頭髮，他想挽留我們，但一看我們人多，還有好幾位客人坐在那裏等著，他只好歉然地說：

「對不起，今天客人太多，下次請早點光臨。」

因此我們只好上大街另找理髮店，也是家家客滿。於是我們分作兩批，我和人仰一道，月仙、素雯、小雯三人一道，在兩家理髮店同時進行。

理髮師對於我們男人的頭髮彷彿剪草一樣，咔嚓咔嚓不停，上山來的又是第一流的好手，動作快，不到三十分鐘，我和人仰就理好出來。

素雯和月仙她們就沒有這麼快，理髮師像繡花一樣，把她們的頭髮捲成一個個花紋，素雯還叫了一個女的替她修指甲，塗蔻丹，人仰打趣地說：

「太太，妳好寬的心，是不是打算在這裏過年？」

「上山就是為了歇伏，你何必那麼急驚風？」素雯悠悠地回答：「免得坐得無聊，你照顧小雯好了。」

人仰向我苦笑，走過去抱著小雯，小雯正坐在椅檔上臨時增加的一塊木板上，因為她太小，坐在椅子上理髮師必須彎腰低頭工作，很不方便。

我在月仙旁邊坐下，她仔細看了我一眼，笑著對我說：

「我還得一會兒，你上街蹓蹓，不必坐著陪我。」

上山以來，我們兩人從來沒有單獨行動過，現在牯嶺街上雖然十分熱鬧，紅男綠女招搖過市，一上街就可以碰上坐在四個人抬的轎子上的闊佬要人，店鋪裏的東西也是應有盡有，但是我還不想一個人出去蹓躂。

「一個人單吊有什麼意思？還不如陪著公子趕考。」我說。

月仙望著我欣慰地一笑。

小雯首先燙完，她的頭髮少，只用火鉗隨便燙燙，像個小獅子狗。她很乖，自始至終沒有哭一聲，人仰抱著她和我坐在一起，花了三毛錢買了兩隻香蕉獎勵她。

素雯的頭髮最後做好，她還站在鏡子面前左右前後地看了幾遍，這才滿意地走出理髮店。理過髮沒有什麼事，本來我們可以回去，素雯又要在街上買買東西，東家看看，西家走走。

我們站在一家南貨鋪前陪她選購糖果時，突然有人在月仙背後喊了她兩聲「表姐」。月仙回過頭來一看，面色一黯，同時帶著幾分驚愕，那年輕人又接著問她：

「表姐，我們真沒有想到妳在廬山，難怪到處打聽都打聽不出來！」

「其實你們用不著打聽，表姐這麼大的人了，還會迷路不成？」月仙說。

那年輕人仔細看了我一眼，又對月仙說：

「表姐，我有話和妳講，姑媽很想念妳。」

月仙聽他提到母親，眼圈微微一紅。回過頭來輕輕地對我說：

「你找個地方等我一會兒，我有幾句話和表弟講。」

人仰、素雯也知道發生了甚麼事兒，立刻回頭看看月仙的表弟，我告訴了月仙一個地方，月仙向人仰和素雯說了聲「對不起」，就和表弟一道離去。

人仰夫婦要陪我等月仙，我要他們先回去。素雯十分後悔地說：

「真該死！如果不是我要買東西，月仙就不會碰見他表弟。」

「妳就是這個少奶奶脾氣，頭髮做了那麼久，還要上街買零食。」人仰責備她說。「老王又不是不會買，妳又不是不知道夢華和月仙的事兒？」

素雯一聲不響，抱歉地望望我，我安慰她說：

「這不能怪妳，該怎麼的就怎麼的。」

「夢華，我真抱歉，我等你們一道回去好了。」素雯說。

「不必，請你們先回去，我一個人等她好了。」我說。

人仰把素雯一拉，笑著對我說：

「好，你們早點兒回來，我們等你們吃午飯。」

我送了他們一段路，然後獨自走進「待月樓」菜館，選擇了樓上一個臨街的小房間坐下。透過窗口，我可以看見大街上來往的行人。

幾個月來的寧靜生活，又被擾亂，我心裏煩惱的很。我繞室徬徨，坐立不安。月仙一走，我彷彿立刻處於真空狀態，飄飄蕩蕩，失去了重心。

等了好久，我才發現她從街那頭垂頭喪氣地走了過來。她走路一向從從容容，現在看來更慢，我走下樓去迎接，她看見我連忙握著我的手悽然一笑，不像平日笑得那麼輕鬆，機智，幽默。

「妳表弟怎麼也上廬山來了？」上樓之後，我首先說話。

「他剛大學畢業，和同學組織了一個旅行團，上山來玩幾天。」

「真巧，居然在牯嶺街上碰到。」我故作輕鬆地說。

「早知如此，我真不該到牯嶺來。」月仙懊悔地說：「今天早晨聽見那種鳥叫，我心裏就不舒服，居然應了這件事！」

「妳表弟講些什麼？」

「他自然講得很多，但是歸結起來只有一句話，希望我同他下山去。」

「妳怎麼答覆他？」

「我告訴他，除非父親、舅父同意解除我和表哥幼年的婚約，我就不下山去。」

「妳縱然不下山，只怕我們以後也難得安寧了。」月仙的表弟既然知道了月仙的行蹤，以後她家裏很可能函電交馳的。

「別的我倒不顧慮，就是耽心母親的身體，平時她就三病兩痛的。」月仙眼圈一紅，終於滾出兩顆眼淚。

時間已經過午，我們不準備趕回「心園」吃飯，就在「待月樓」吃了一頓。月仙心神不安，吃得比平時更少。

回去的這段路，比我們來時多走了一倍的時間。我們走得很慢，彷彿數著自己的腳步。我們很少講話，只是不時交換一個眼神。

回到心園時，發現老王還把飯菜罩在桌上等我們。老王好像也知道了我們在牯嶺的事兒，他一看見我們就十分關懷地望著月仙和我，又指指桌上說：

「快吃飯，不然餓壞了身體。」

「謝謝你，老王，我們在牯嶺吃過了。」月仙說。

人仰夫婦和小雯聽見我們回來，連忙從房裏趕了出來，小雯雙手摟住月仙的腿，叫了一聲阿姨，月仙把她抱起，在她臉上親了一下。素雯要我們到她房裏坐坐，月仙抱著小雯跟了進去，我也隨後進去。

素雯關心地探問月仙和表弟單獨談話的情形，月仙告訴了她，素雯又問：

「妳該沒有告訴表弟妳住在這裏吧？」

「告訴他了。」月仙說。

「其實妳不必告訴他。」素雯說。

「一來我不會扯謊，」月仙說：「二來我也不打算長久瞞下去，讓他知道實情也好，希望父親能回心轉意，不要固執。」

「這樣很對，」人仰點頭：「說不定令尊能見風轉舵。」

「父親和舅舅都是留日的，固執得很，不但他們自己親日，還把表哥送到東京留學。」月仙說到這裏又指指我：「自從他發表過兩篇抗日的文章以後，父親對我們這檔事兒更加反對，現在還不知道他的腦筋轉不轉得過來？」

「恕我說句直話，」人仰向月仙抱歉的一笑：「令尊令舅不但是親日派，還害了恐日病。」

月仙默然不語，她雖然對她父親的固執十分傷心，可是她生性孝順，平常很少同我談論她父親和舅舅的事情，剛才的話我也是第一次聽見，顯然她有點後悔失言。素雯也覺察出來，立刻笑著打岔：

「你們也真是好事多磨。」

人仰是聰明人，他馬上向月仙陪個笑臉：

「對不起，恕我失言。」

「徐先生，我真不知道怎樣說好？」月仙尷尬地說。「偏偏是我遇到這種事情，還麻煩你們兩位操心。」

「可惜我們有力無處使，乾著急。」素雯說。

「這樣我們已經感謝不盡了。」月仙說。

「我和夢華不是外人，」人仰接著說：「妳也不要見外，我相信好事一定成雙，你們安心在山上優游歲月好了。」

小雯在月仙手裏一直沒有下來，素雯對她說：

「讓阿姨休息一下，不要老賴在阿姨懷裏。」

人仰馬上伸手把小雯抱了過去。月仙和我一道回到自己房裏休息。

天在下雨，外面灰濛濛的一片。

為了遣愁，月仙從書桌上取了一本書給我，她自己也拿了一本。但是我看不進去，她也看不進去。

我們默默相對，悄然無語。

窗外雨聲淅瀝，屋簷水滴在地上，彷彿滴在我們的心上。

樹上又傳來「天作怪！天作怪！」的鳥聲，山鳴谷應，叫得我心煩意亂，月仙眼裏淚水盈盈，像一座含淚的觀音，靜靜地坐著。

第三十二章　一通電報催魂魄　兩個癡人動孝心

我們一口氣遊遍了山北西路未遊的名勝，如廬山高石坊、五佛圓殿、天池山、天池塔、天池寺、文殊臺、捨身巖、文殊巖、獅子巖、清涼臺、神龍宮、神龍潭、石門澗、文寺、鐵船峰、牧馬廠、靜觀亭、金竹坪、蓮花禪院、九奇峰、上霄峰、仰天坪、雲中寺、碧雲庵、東林寺、西林寺、北香爐峰、白樂天草堂遺址、太平宮、圓通寺等等。我們登過最古的秦帝石，最險的捨身崖，以及上霄峰上可坐數百人的大盤石。這些名勝古蹟，的確使我們的心胸豁然開朗。加之月仙的表弟下山半個多月，她家裏並沒有書信到來，她以為父母已經默許，所以顯得比已往更加愉快。

「說不定媽已經把父親說通了？」一天晚上，她輕輕地對我說。

我心裏的確希望如此，但我不敢過份樂觀，因此我沒有作聲，她卻一廂情願地說：

「如果他們真的同意，我們就聯名寫封信，請兩老上山來主持婚禮，我們就可以安心樂意地在山上過一輩子。」

她說得那麼自然，那麼懇切，我突然感到心中一酸，眼淚差點掉了下來。她反而握著我的手，輕輕地安慰我：

「不要耽心，我們應該自信，我想老天也會成全我們。」

中元節這天下午，她突然接到她父親一封電報，只有六個字：

「母病危，速返滬。」

她拿著電報紙，僵立了半天，本來就很白晰的臉，這時更變得像一張白紙，過後眼淚突然像斷線的珍珠，一顆接著一顆從臉上滾下來，身體虛弱地向我身上一倒，很久才「啊！」了一聲，輕輕地叫了一聲「媽」。

我把她扶到沙發上坐下，她雙手蒙著臉啜泣起來。

今天是鬼節，她又接到這麼一封電報，使我簡直無從勸說。

人仰夫婦悄悄地走了進來，素雯坐在月仙的旁邊勸解，人仰悄悄地把我一拉，拉到他的房裏，問了我幾句，我把電報的內容告訴他，他臉色凝重地說：

「我看這封電報有點蹊蹺？」

「是她父親打來的電報，還有什麼蹊蹺？」我說。

「不，我懷疑的是她母親的病。」

「她母親本來就是三病兩痛的。」

「因此這才是她父親最好的一著棋。」

我有點惶恐，不能斷定是真是假？人仰又接著說：

「而且，她父親知道月仙孝順母親，正好將她一軍，使她無法反手。」

人仰的話雖然很有道理，但我不大相信月仙的父親會下這一著殘酷的棋。

人仰看我將信將疑，又補充一句：

「請你相我的判斷，八九不離十。」

素雯走了進來，輕輕地對我說：

「還是你過去安慰她一下吧！她哭得淚人兒似的。」

我走回自己的房間，月仙還蒙著臉在啜泣，當她發覺我坐在她身邊，她慢慢抬起頭來，輕輕地問我：

「你看我該怎麼辦？」

我看她那傷心欲絕的樣子，不再想到人仰的話，也不再想到我們自己的事，便對她說：

「不管是真是假，妳回去看看。」

「我只有一個母親，如果是真的，我不回去，那我這一輩子也不得安神；如果是假的，我回去了，又怕脫不了身，那你在山上怎麼過日子？」

她這一問不禁使我倒抽一口冷氣！沒有她，我真不知道怎樣打發那孤獨的日子？但考慮了一會兒我還是對她說：

「不要耽心我，妳先盡妳的孝心。」

「我會盡早回來，我要陪你在山上過一輩子。」她拭拭眼淚，依在我肩上輕輕地說：「像顏先生和顏太太一樣，共享七分風水，三分明月。」

為了爭取時間，我決定馬上送她下山，她連忙收拾東西，我把這個決定告訴人仰夫婦，人仰輕輕歎口氣說：

「何必這麼急？我看遲一兩天走也沒有多大關係？」

「月仙心急如焚，何必再遲？」我說。

「我的意思是你們最好先在山上舉行個儀式，我邀幾個朋友來作證，我們也將他一軍。」人仰輕輕地說。

人仰的顧慮雖然周詳，但我知道月仙的意思，她一定要她的父母主持，最少是她母親主持，現在她心急如焚，那有心思將她父親的軍？而我對她又有無比的信心，覺得這樣做反而俗氣，會傷害她的感情，因此我一笑置之。

「我相信你們的感情像五老峰的松樹一樣萬年青，但是我不敢相信她的父親。」人仰說。

「你也不必穿釘鞋，拄拐杖。這又不是做生意，敲算盤，他們總有父女之情，說不定月仙這次下山，真能把問題解決。」

素雯這一說，人仰不禁失笑，又自責地說：

「恕我以小人之心，度君子之腹。」

老王聽我們要下山，早已悄悄地煮了幾個荷包蛋，我們一回到房裏，他就隨後端了進來。

「謝謝你，老王。」月仙連忙放下手中的小皮箱，雙手接住。

老王把月仙的小皮箱隨手提提，覺得很輕，笑著問她：「您就只帶這麼點東西？」

「我只帶幾件換洗衣服，好早去早回。」月仙說。

「但願老太太吉人天相，添福添壽。」老王說。

「老王，謝謝你的金口玉言。」月仙連忙道謝。

「我真盼望您日行千里，夜行八百，早去早回，免得何先生一個人單吊。」

「老王，拜託你費神，暫時照顧照顧何先生，我會感激不盡。」

「這還用得著您吩咐？我老王的心也是肉做的，不會不知道痛苦。」

老王這一說，月仙立刻望著我眼圈一紅，滾出兩顆眼淚。

我把碗筷交給老王，老王向月仙輕輕的說：

「對不起，我真該死。」

老王走後，月仙把衣櫥裏和箱子裏的東西指點給我看，她把應用的東西整理得有條有理，我換洗的衣服都放在手邊，這些事情她一向沒有讓我費心。

「夜涼如水，當心一點，我最怕你生病。」她輕輕地叮囑。

「放心，我不是三歲兩歲。」我寬慰她。

「你是丈二蠟燭，照得見別人，照不見自己。」她向我展眉一笑：「我不在你身邊時，不要大而化之，……」

上山以來，一切生活小節我確實很少注意，因為我所能想到的，她早替我想到了。我想的，她早替我做了。即使是我最關心的書桌，也用不著我動一下手，她總是收拾得乾乾淨淨籍整理得整整齊齊；線裝的歸線裝的，洋裝的歸洋裝的；我所最愛的幾本書，她總是放在同置。有時我自己放錯了，她一定重新放回原處。因此我閉著眼睛也可以抽出那幾本書。她在我除了讀書以外就沒有什麼好做的了。

「妳心細如髮，我自然大而化之，」我說：「妳下山以後，我會數著日子過。」

聽我這一說她又黯然欲泣。我看看鏡子還放在梳粧臺上，我以為她忘了放進小皮箱，便來交給她，她搖頭苦笑：

「我用不著，你最好每天照一次，免得怒髮衝冠。」

這時人仰夫婦帶著小雯走了進來，素雯笑著說：

「要去你們就早點動身，遲了恐怕叫不到轎子。」

我提起小皮箱，月仙抱著小雯，人仰夫婦跟在後面，老王也跟了出來。

走到小橋邊，月仙在小雯臉上親了一下，把小雯交給素雯說：

「你們不必勞步了。」

他們兩人要送，老王也要送，月仙對老王說：

「老王，謝謝你，家裏沒有人，你不必勞步了。」

老王轉而對人仰夫婦說：

「少爺，少奶奶，你們先回去，由我老王送一陣子。」

人仰夫婦送上猴子嶺，經月仙再三催促，人仰才對我說：

「夢華，我們就拜託你代表好了，不然我們應該送到九江的。」

素雯把小雯送給月仙親親，又教小雯說：

「阿姨快點回來。」

小雯照樣說了一聲，月仙又在她臉上親了一下，輕輕地說：

「阿姨一定插對翅膀飛回來。」

小雯舉起小手，向月仙說：

「阿姨再見！」

月仙也舉起手向她說「再見」，眼淚卻不自禁地流了下來。老王從我手上接過小皮箱，月仙拭拭眼淚對他說：

「老王，你何必多送？我又不是不回來？」

「上次您去山南遊玩，我沒有送幾步路，這次一定要多送一程。」老王說。

我們剛走下猴子嶺，就聽見後面響起咚咚的腳步聲，我和月仙不禁回頭一望，原來是馬蘭氣喘吁吁地跑來，一邊跑一邊大聲地問我們：

「你們到那兒去？」

等她跑近以後，月仙便向她說明原委，馬蘭急急地問她：

「妳回不回來？」

「怎麼不回來？」月仙向馬蘭一笑：「我不能把何先生一個人丟在山上。」

「你要是不回來，一到冬天，不但何先生受不了，我也更寂寞。」馬蘭說：「別看現在鬧烘烘，再過一個月就冷冷清清了。」

「馬蘭，妳不說我也知道。」月仙說。

「本來我應該送妳到牯嶺，因為詹姆士有客人，我不能離開，真抱歉！我只能送到這裏。」

「馬蘭，對不起，我沒有事先告訴妳，還麻煩妳匆匆忙忙趕來送我。」

「趕到牯嶺也應該。」馬蘭說，隨即把月仙一抱，和月仙貼面親了一下，輕輕地說了聲「再見」，又匆匆地跑了回去。

月仙怔怔地望著她的背影，回頭向我一笑：

「真是一株可愛的野玫瑰！」

到牯嶺以後，老王替我們找了兩頂轎子，又送了一段路，月仙一再催他回去，他才期期艾艾地對她說：

「但願老太太不是真病，但願您早天回來，『心園』需要您同何先生陪襯。我是個無花無葉的老光棍，廬山雖大，也安不下何先生一顆心。」

月仙望望我，又望望老王，黯然地說：

「老王，我明白你的意思，謝謝你這麼關心我們。」

「我老王送您送到十里亭，也只為了這麼幾句話。三年能出一個狀元，三百年也難得碰上一對美滿的姻緣，但願蒼天保佑你們。」

老王眼中有淚，月仙蒙著臉哭泣起來。

轎伕撇下老王，抬著我們直奔月弓塹。

雲霧迎面撲來，雲霧從轎中穿過，月仙用手絹蒙著臉，我兩眼一片模糊。

上山的人不少，下山的更多，大家都走在雲裏霧裏，只聽見幾丈以外上上下下轎伕的吆喝聲，卻不見人影。

下山以後，炎日當空，暑氣逼人。禾苗的葉子萎縮起來，路邊溝裏的水曬得燙手，有的田裏曬裂了口，知了有氣無力的嘶叫，狗坐在樹蔭底下伸長鮮紅的舌頭喘氣，老太婆搖著大蒲扇，嘴裏還不停地叫：「熱死了，熱死了！」這和山上完全是兩個世界。

到九江以後，我和月仙直奔濱江路，打聽船期，本來晚上十二點有一條日本輪船直放上海，後來又打聽到招商局有一條輪船明天上午九點開，我問月仙到底搭那一條船走？月仙考慮了一會兒說：

「我寧可放棄那條日本船，陪你在九江多住一夜。」

買好招商局的船票之後，我們坐黃包車到花園飯店。這家飯店在甘棠湖邊，環境設備都很不壞，我們上次住過。

我們的房間面臨湖水，湖水盈盈，藍得像湖州綢，湖中有好幾位十五、六歲的少女，坐在腳盆裏採菱。沿著柳堤，有不少人坐在柳蔭下垂釣。廬山如在目前，彷彿伸手可及。

黃昏時，湖邊響起一片砧杵聲，笑語盈盈，白短褂、黑長褲的洗衣女人，像一道蜿蜒的長蛇陣，跪在湛藍的湖邊。我們的離情別緒，被這種情景沖淡了不少。

晚飯後，月仙要我陪她到湖中的長堤散步。一走上馬路，便發現路邊擺著一排排竹床，男男女女坐在竹床上乘涼吃飯。

這座長堤和玄武湖的長堤以及西湖的蘇堤有點相像，堤邊兩排垂柳，柳絲幾乎拖到水面，有一個道人坐在湖邊吹笛弄簫，吹得真好！笛聲悠揚激越，飄過水面，餘音嫋嫋；簫聲低沉幽怨，細若游絲。我和月仙駐足在柳蔭下聽了好久。

「此曲只應天上有，人間那得幾回聞？」月仙輕輕地讚歎。

本來我想下去請教那位高髻黑袍的道人，月仙拉拉我的衣袖，輕輕地說：

「不要打擾他，讓他一個人享受這湖光水色。」

我們悄悄地離開。

月仙想去湖中的「煙水亭」玩玩，卻找不到一隻船，我們無法飛渡，於是沿著長堤一直散步過去。

山上此時清涼如水，山下卻非常熱，我們雖然是在堤上散步，月仙仍然不時用手絹揩汗。偶有微風從湖面飄來，就感到特別舒暢。

堤上行人不多，男女一道散步的更少，我和月仙是惟一的一對。我們走得很慢，細數著自己的腳步。月仙忽然指指腳上的平底鞋笑著對我說：

「我這雙鞋跟你跑了多少路？」

的確，她穿這雙鞋幾乎和我跑遍了山中名勝，也登臨了五老峰頂。

「帶點廬山的泥土回上海也好。」我說。

「豈止泥土？」她向我悽然一笑，緊緊地握著我的手。

穿過了長堤，我們叫了兩部黃包車，從小鑭上經過城外大街，繞了一個大圈子回來。

洗過澡，我們要茶房泡了兩壺上好的龍井，搬了兩把靠椅，放在臨湖的亞字欄杆旁邊靜坐。

我不提離別的事，不說傷感的話，盡量地裝作心情愉快，彷彿我是陪她下山來玩一般。

她暸解我的心意，也裝作非常愉快，特別囑咐茶房去買了一包嫩菱，兩隻鮮藕，藕由茶房切好，放在瓷盤裏面，菱很嫩，隨手可剝。

藕是落口消，菱也清甜可口，月仙拿著剪指甲的小刀，將菱角一個個剝好，放在盤子裏面，不時遞幾個白嫩的菱肉給我，她自己卻很少吃。

「不要忘記了自己。」我提醒她。

「你吃了不是一樣？」她向我輕輕地說。

表面上看不出她有一點離情別緒，她一直是很愉快的樣子。

飯店裏的客人統統睡了，我們還無睡意，燈火全熄了，我們也不在乎，我們就坐在無燈的夜裏，坐在靜悄悄的湖邊，只有天上的明月和星星伴著我們。

「難得今夜有個團圓夜，」月仙忽然指指天上的滿月向我說：「希望下月中秋我能上山同你舉杯邀明月，飲個八分醉。」

「那我們可以坐到天明，不必去睡。」我說。

她笑著點點頭，隨即輕輕地靠在我的肩上，望著天上皎潔的明月，忽然把頭一抬，望著我說：

「我想起了蘇過的〈點絳脣〉，很切合此時地的的情景，要不要我唸給你聽。」

我點點頭，她立刻輕輕地唸了出來：

高柳蟬嘶，采菱歌斷秋風起。晚雲如髻，湖上山橫翠。

簾捲西樓，過雨涼生袂。天如水，畫欄十二，兩個人同倚。

「妳也隨便篡改古人的作品？」我發現她將「少」字悄悄地改為「兩」字，使這首詞的題意完全不同。

「恕我無倚馬之才。」她向我輕輕一笑：「不能另起爐灶，只好借現成的。」

「妳改得很好，天衣無縫。」我說。

「只能用在此時此地，明天便不合用了。」她輕輕地說，聲音低得剛好我能聽見。

我們輕輕絮語，盡量保持愉快，我始終沒有講過半句氣短的話，她也盡量抑制自己的情感。時間從我們身邊悄悄溜過，我們毫無感覺。突然一聲雞叫，我才一驚而起。

她扶著我走進房間，忽然在我耳邊輕輕地說：

「你裝得很好。」

「妳也裝得不壞。」我故作輕鬆地說。

她輕盈淺笑，我手臂上卻滑落兩顆淚珠。她終於忍不住伏在我肩上低低地哭泣起來。

第二天早晨八點鐘，茶房把我們叫醒，我們匆匆漱洗之後，就坐上黃包車直奔江濱路招商局碼頭，登上江寧輪。月仙買的是單人房艙，這樣比較方便。

今天她再也控制不住自己的情緒，一起來就有點失神落魄的樣子，上船之後，眼圈不時發紅。汽笛突然尖叫一聲，她的身體觸電般地一震，簌簌地掉下兩顆淚珠。

汽笛聲使我的心撕痛欲裂，但我強力忍住眼淚。月仙緊緊地挽著我，把我送到船舷，在我耳邊急切地說：

「你當心自己，我會回來。」

我跳上躉船後，船一寸寸離開，月仙起先怔怔地望著我，眼淚沿著兩頰流下來，船調頭後又趕到這邊向我不停地揮著手絹，我們的距離越拉越遠，她突然背轉身去，靠著鐵欄杆，把頭深深地埋進掌心，她的黑頭髮和湖色的旗袍，在江風中微微飄動。

船像一隻脫弦的箭，隨著滾滾的江水，順流而下。

望著急駛而去的船，望著滾滾的江水，我的眼淚一顆顆滴落，悄悄地滴落，滴進泥裏，滴在江邊。

第三十三章　小雯不識愁滋味　明月卻知翡翠心

我帶著一顆隱隱作痛的心，回到山上，回到雲裏霧裏。

一上月弓壍，轎子就在雲裏霧裏穿進，我眼前模糊一片，心裏也模糊一片。下了轎，我彳亍地踏上小木橋，人仰抱著小雯和素雯出來迎接我，老王也跟在後面。我沒有作聲，他們也不知道怎樣啟齒？都站在門口怔怔地望著我。小雯不大懂事，她歪著小腦袋盯著我，突然大聲地問：

「何叔叔，阿姨呢？」

那神氣彷彿怪我把月仙丟掉了似的，因為她總是看見我和月仙一道，連昨天月仙走的時候我們也是一道，現在只看見我一人，不見月仙，她不免有點奇怪了。

我沒有回答她，因為她這句話又使我胸口作痛。素雯大概看出我的樣子與平時有異，立刻輕輕地對小雯說：

「阿姨看外婆去了。」

「阿姨那天回來?」小雯又問素雯。

素雯尷尬地苦笑，又輕輕地責備小雯：

「小孩子的話不要這樣多。」

小雯這才閉起小嘴沒有再講。

我走近他們時，人仰輕輕地問我：

「月仙是昨天晚上走的還是今天早晨走的?」

「今天上午九點。」我說。

他又問我搭的什麼船?幾等艙?人多不多這類不著邊際的話，我也告訴了他。可是此外我們似乎沒有什麼話好講了。

我走進書房，書房好像少了什麼；走進臥室，臥室也不對勁。連我自己的心也好像安錯了位置，顛顛倒倒，沒有擺平。

老王替我打了一盆洗臉水進來，我脫掉長衫，他連忙接了過去。過去不是老王來接，而是月仙。我向老王說聲謝謝，心裏卻想到月仙，眼裏有點潤濕，我連忙把頭埋進臉盆，用冷水浸浸。

我洗過臉，老王又問我吃點什麼?我一點不覺得飢餓，我搖搖頭說：

「老王，我什麼也不想吃，只想休息一會兒。」

「您先休息一會兒也好，」老王說：「我熬點新綠豆粥給您吃，三伏天不吃東西不行的。」

老王走後，我躺在床上靠了一會兒，眼前晃動月仙的影子，耳朵裏響著月仙的聲音，和她背著我靠著輪船欄杆把頭埋進掌心哭泣的情形。

月仙不是一個愛哭的人，平日總是淺笑盈盈，帶著幾分機智和幽默，不作愁態。想起她的哭泣，也同時使我想起人仰的那番話，因此我更加煩惱不安。身體雖然疲倦，卻無睡意。

霧，又從窗口飄進來。月仙在時一定會馬上關起長窗，不讓霧在房間亂鑽亂跑，我懶得起來，讓霧在房間裏游蕩，帶給我一份朦朧，一份迷惘。

我彷彿懸在空中，兩腳踏在雲霧上，飄飄蕩蕩，一點也不著實。

人仰夫婦帶著小雯進來，我連忙坐起，走到書房。

素雯隨手關上長窗，輕輕地說了一聲：

「好大的霧！」

人仰問山下的天氣如何？我把昨天所見的情形告訴他，他笑著說：

「這真是天上人間，兩個世界。」

小雯抱著個餅乾筒子，她在筒子裏抓了幾塊餅乾給我，素雯又要她去拿瓜子。小雯走後素雯笑著對我說：

「這小東西念念不忘阿姨，昨天晚上吵了好久，今天早上一睜開眼睛就要阿姨，把我這個親生的娘都扔在一邊，你說好氣不好氣？」

「月仙也一定很想念她。」我說。

「那還用說？」素雯幽幽地說：「她心裏裝滿了愛，像聖誕老人的大口袋，對小雯更是老斗老秤，足尺加三。」

人仰聽了一笑，我的心情也輕鬆一些。

小雯抱了一筒瓜子進來，她首先抓了一把給我，然後又抓給人仰夫婦，她自己也吃了起來，她的小嘴也很會嗑瓜子殼，素雯指著她說：

「阿姨的德性妳一樣都沒有學到，媽的壞處妳全學到家了。」

「難得，難得！妳倒很有自知之明。」人仰望著素雯說。

「老爺，我不會往自己臉上貼金。」素雯雍容地說：「我又沒有發狂，月仙那份德性我怎麼趕得上？」

「太太，單憑妳這兩句話，我就三生有幸了。」人仰笑著說。

「你不害臊我可要臉紅。」素雯白了人仰一眼。

人仰高興地大笑，我心裏卻像有千萬隻小蟲在咬。

我吃過綠豆稀飯之後，霧已經散了，太陽也已經隱沒於山峰背後，涼風習習，暑氣全消。人仰夫婦拖著我去打網球，我不得不去，素雯還特別去將馬蘭邀了出來。

馬蘭關心地問了月仙一些下山後的事情，隨後又自言自語：

「她現在可能到了南京了。」

不錯，長江水漲，又是順流而下，月仙十成是到了南京，我們的距離是愈拉愈遠了。

我一心想到月仙，人仰發出的第一個球我竟沒有去接，馬蘭向我一笑：

「你怎麼的？」

我連忙跑到鐵絲網邊撿球，拋給人仰，人仰發球時特別提醒我：

「注意呀！我發球了。」

我不能不打起精神，馬蘭也輕輕囑咐我，加之人仰這一球發得不重，我很容易地拍了過去。人仰夫婦是為了陪我玩玩，散散心，不想贏球，我的心神也很難集中，失誤很多，倒是馬蘭打得很起勁，她生怕我們輸，她滿場飛，抽得重，殺得快，弄得人仰和素雯有點手忙腳亂。

三盤球打下來，我們輸了兩盤，馬蘭笑著對我說：

「和上次相比你好像是兩個人，是不是真害了相思病？」

「這句話妳向誰學來的？」

「我看過《梁山伯祝英臺》的唱本，知道那種古怪病。」她笑著回答。

人仰又在發球，我沒有注意，她伸手一揮，馬上抽了過去，素雯說了聲「好球」，立刻反抽過來，馬蘭又接住了。她們一來一往，打得很精彩，人仰索性把拍子一抱，退到旁邊去，笑著對我說：

「讓她們兩人單打好了。」

我本來就打不起勁，正好抽身下來，結果馬蘭贏了，她高興地跑到我旁邊來，笑著說：

「我們贏回一盤，現在平手。」

素雯雖然輸了球，也很高興，因為她看見我玩了一兩個鐘頭。晚上，他們怕我寂寞，又陪我談天，放平劇唱片，很晏才回到他們自己房裏去，我房裏突然靜寂下來，我感覺到更加寂寞。

詹姆士家的燈熄了。人仰房裏的燈也熄了。我雖然毫無睡意，還是把燈熄了。昨天十五是滿月，我和月仙坐在甘棠湖邊；今天的月亮像削掉了一層皮，沒有昨天那麼圓滿。夜涼如水，月亮的清輝照進房裏，有幾分淒清，我更無睡意。我倚窗仰望，銀河像座天橋，橫過夜空，橋上點著萬盞銀燈，閃閃爍爍。牛郎織女幾天前匆匆一面，如今又各自西東，夜夜隔河相望。往日我和月仙倚遍長窗，也常常深夜不寐，此刻卻只我一個人，倚窗而立，細數往事。山窪裏寂靜得很，靜得有點怕人。白天睡足了懶覺的貓頭鷹，卻出來打食，偶爾磔磔幾聲，那聲音陰陽怪氣，實在難聽。

我關好長窗，仍然關不住月亮的清輝，月亮照在月仙的梳粧臺上，照在衣櫥上，照在皮箱上，照在床上——被子還是月仙疊的，床上像開著一朵大理花，白天我沒有碰它，此刻我更不忍把它抖亂，因為我沒有辦法復原。

我打開她的衣箱，春秋冬三季衣服疊得整齊有致，還有一股樟腦的香味。我從箱蓋的夾袋裏，取出她畫的那幅梅花，這幅畫她一直沒裱，這是她上山的第一幅畫，她自己雖不怎麼滿意，我卻非常歡喜。當我把畫鋪在梳粧臺上，在月光下細讀她題的〈梅花引〉詞，讀到最後幾句「莫猜疑，莫嫌遲，鴛鴦翡翠，終是一雙飛」時，我領悟到她補寫題詞的深意。

第二天早晨，我睡眼朦朧中，又聽見小雯隔窗呼叫：「阿姨，阿姨！」我心裏又一陣隱痛。

隨後我又聽見素雯輕輕地囑咐小雯：

「阿姨下山去了，不要再叫，再叫何叔叔聽見了會難過的。」

「阿姨回不回來？」小雯問。

「阿姨一定想回來，不過能不能回來，恐怕阿姨自己也不知道。」素雯聲音又壓低了一些。

「怎麼阿姨也不知道？」

「妳太小，不懂這些事，長到阿姨那麼大時自然會明白。」

小雯沒有再問下去，我聽見素雯牽著她離開。

我又心煩意亂，在床上躺了很久才起來。

今天是禮拜天，早餐後人仰夫婦去做禮拜，他們要我同去，我沒有答應。他們走後我帶著月仙的畫，獨自去牯嶺。

牯嶺只有一家裱畫店，生意很好，送來裱的都是當代名人的字畫，在別的裱畫店裏不容易看到。

月仙沒有一點名氣，也沒有經過名師指點，老闆看了她的畫卻很欣賞。他問我怎麼裱法？我是外行，只對他說：

「你精工細裱好了。」

老闆把畫又看了兩眼，笑著點點頭說：

「多花點錢倒也值得。」

「老闆，我不知道這幅畫的好壞，但它對我是無價之寶，希望你不要丟掉。」

「你先生放心，我在九江開了幾十年裱畫店，年年暑天上山，名貴字畫不知道裱過多少，從來沒有丟過一件，絕不會單單丟掉你先生的無價之寶。」

老闆這一說，我倒有點不好意思，不過卻大為放心。老闆看我有點尷尬，又笑著問我：

「這幅畫莫非是位女士的手筆？」

「你猜猜看？」我說。

老闆又看看畫，晃晃腦袋一笑：

「畫倒不容易分別，只是這兩筆字兒十拿九穩是女人的手筆。」

「老闆，你的眼力不錯。」我說。「她的字寫得怎樣？」

「當然不能同這些名家相比，」他望望牆壁上掛著的那些名人的中堂條幅，又看看月仙的字：「不過她的字是筋骨字，聰明，灑脫，還帶幾分仙氣，說不定真的字如其人呢？」

「老闆，你真是個行家，猜也猜得不錯。」

「這碗飯我吃了幾十年，財是沒有發起來，就是沾了一點兒靈氣，增加了幾分閱歷。」

我問他要先付多少定金？他望望我風趣地說：

「要是當差的跑腿的送來，得先付五成，既然是你先生親自送來，這幅畫就價值連城了。要是你捨得這幅畫，我還捨不得這份工錢不成？」

他好像看透了我的心思，我不禁失笑，臨行時又拜託他說：

「老闆，麻煩你多費點神，不要讓徒弟毛手毛腳。」

「這我知道，」老闆笑著點頭：「不過精工出細貨，我親自動手你先生得多賞幾文？」

我也笑著點頭，這裱畫店的老闆倒使我輕鬆了一會兒。

我回到心園時人仰夫婦已經做完禮拜，素雯關心地問我：

「你一個人上那兒去了？」

「送畫到牯嶺去裱。」我說。

「誰的畫？」人仰問我：「你找到了那位名家？」

「一個名不見經傳的畫家。」我說。

「誰？」素雯接著問。

「月仙。」我說。

「吓？」人仰驚奇地望著我：「我倒還沒有想到她會畫畫？」

「她不過是興之所至，信手塗鴉。」我說。

「月仙真是多才多藝，我可是一樣都不會。」素雯說。

「太太，我們彼此彼此。」人仰向素雯拱拱手。

素雯噗哧一笑，又指指小雯對人仰說：

「希望小雯能趕上阿姨。」

他們這一提，小雯又吵著要月仙，素雯搖搖頭，望著我輕輕地說：

「說真的，為了這小東西，我真希望月仙早點兒回來。她走以後我也少了一個好伴兒。」

第三十四章 離愁深愛傳書信 絕壑青天寄寸心

月仙下山後一個禮拜，我接到她從南京發來的一封快信，這封信是在船上寫的，船靠南京時她乘機上岸付郵。

那天你送我上船後，我關著房門暗自落淚，真的是「剪不斷，理還亂，是離愁；別是一般滋味在心頭」。

去年我們同船溯江西上，雖是冬天，我們還是併肩憑欄飽覽了長江兩岸的風物，這次我孤孤單單一個人，茶飯無心，那還有閒情再看風景？

上船以後，我心情一直不安，我猜不透娘是真病還是假病？現在船快到南京，離上海更近，「近鄉情更怯」，我不知道會有怎樣的結果？

假如你自私一點，不讓我下山，我縱然以淚洗面，心情可能安定一點，不會像現在這樣前不巴村，後不巴店，沒有個依靠。

江山晚風颼颼，頗有秋意，山上當是已涼天氣未寒時了？請自當心，免我心掛兩頭。

長夾袍、毛背心都在黑皮箱裏，早晚別忘記加衣。

到家後我會立刻寫信給你。請問候徐先生、素雯和小雯。

可是這封信之後，我盼望了兩個禮拜，不見月仙片紙隻字。我心亂如麻，寢食不安，人仰夫婦顯然也在暗暗著急，但是他們現在噤若寒蟬，反而不敢談這個問題，我們幾乎無話可說。連老王也只是同情地望望我，不敢作聲。

自月仙走後，我就很少出門，連早晚的散步也中斷了，因為一個人散步總覺得百無聊賴。和月仙一道散步，即使我們一句話不講，也有一種別人無法體會的情趣，我們不像那些洋人，從來沒有高聲大笑大叫過，我們不慣於狂歡。最快樂的時候也多半是相視一笑，尤其是在外面散步，月仙更是輕言細語，只有我能聽見。在寧靜的清晨和朦朧的薄暮散步，是一種難得的享受，而我和月仙已經用不著任何言語來表達我們自己的心意和外來的感受，我們心靈相通，一無阻礙。我和人仰夫婦一同散步，情形便不相同，他們兩人都喜歡說笑，而我又無話可講，我不講話，會影響他們的情緒，所以他們好意邀我一道散步我也只去過一次，他們瞭解我的心情，也盡量避免打擾我。

我一個人在房子裏總是靜坐遐想的時候多，做事無心，看書也看不進，往往望著月仙那幅畫出神，畫裱得很好，我把它掛在書桌旁邊的牆上，隨時都可看見。

上山歇伏的人已經開始下山，詹姆士夫婦也來向我們辭行，我已經好久沒有到他們家裏去，便和人仰夫婦一道過去送行，馬蘭看了我微微一怔，奇怪地問：

「怎麼十來天不見，你好像瘦了幾斤？」

我幾年沒有量過體重，對於多幾斤肉少幾斤肉毫不介意，和月仙相比，我是胖了一點，真的瘦了幾斤不更和她相近？

「妳的眼睛又不是天平，怎麼知道？」我說。

「我看得出來，」馬蘭自信地說：「我的眼睛比天平還準。」

詹姆士夫婦不知道月仙已經下山，詹姆士太太不見月仙還特別問起她，我向詹姆士太太解釋了一下，又抱歉地說：

「真抱歉，她臨行匆匆，來不及向妳辭行。」

「沒有什麼，」詹姆士太太笑著說：「我是想看看她，她真妙！」

「我太太看見她後，就天天節食減胖，」詹姆士打趣地說：「希望和她一樣窈窕，可是在山上住了兩個月，她又重了五公斤，身子像個汽油桶。」

詹姆士的話引得我們發笑，他太太笑得胸前的肥肉直抖。她對我說：

「我真想請教她，她怎麼那麼秀氣？尤其是那雙手，真可愛。」

我無法回答詹姆士太太這個問題，人仰卻接著說：

「那是天生的，她自己並不注意。」

「那我餓死也是徒然的了！」詹姆士太太笑哈哈地說。

三頂轎子停在門口，馬林斯基已經把箱子交給轎伕綁好，轎伕催促詹姆士夫婦動身，詹姆士夫婦笑著和我們握手，說聲「明年見」，就先後上轎。

送走詹姆士夫婦，馬蘭笑著對我說：

「現在我又輕鬆了，以後可以多陪你玩玩。」

人仰和素雯也囑咐她常到心園來玩。

詹姆士夫婦的走，顯然也觸動了人仰夫婦下山的心思，但是為了我的緣故，他們不願提下山的事，我不願他們為了我耽誤自己的正事，便主動地對他們說：

「現在山上已經很涼，你們也可以下山了。」

「等月仙上山以後，我們再下山去，不然你太寂寞。」素雯說。

「恐怕她不會上山了。」我說。

「你怎麼知道？」素雯連忙問我：「你接到了她的信？」

「沒有，」我搖搖頭：「我老早就有這種預感。」

「那你為什麼還贊成她下山？」人仰奇怪地問我。

「月仙有一片孝心，我不能讓她為了我背上不孝的罪名。」我說。

「那你的事怎麼辦？」人仰幾乎跳了起來。

「聽天由命。」我說。

「書獃子！你真是個書獃子！」人仰指著我說：「你簡直是辜負了我對你們的一片苦心！」

「人仰，你怎麼這樣對夢華說話？」素雯看我不作聲，連忙責備人仰。

人仰長長地歎了一口氣，望了我一眼，不再講話，素雯馬上安慰我：

「你不要胡思亂想，我看月仙一定會上山來的。」

「但願如此。」我向素雯勉強一笑，心裏忐忑不安。

中秋節前一天，郵差送來一封航空信，是東京寄來的，信先由素雯接到，她不敢拆開，也不敢交給我，我從書房趕了出來，問是誰的信？她才期期艾艾地說：

「好像是月仙的筆跡？東京你有沒有朋友？」

我一聽說東京兩個字，心頭就一怔，身子一歪，幾乎跌倒。我伸手從素雯手裏接過那封信，一看果然是月仙的筆跡，連忙拆開，只見密密麻麻的字像金星一樣在眼前亂跳，信沒有看完我就感到一陣暈眩。素雯連忙把我扶進書房，我在沙發上靠了一會兒，再繼續看下去：

母親是老毛病，心氣痛。她看見我回來，便不藥而癒，我一說走，她便一把眼淚一把鼻涕，有一次還暈了過去。父親是個鐵籠子，我連一封信也發不出去。後來他就以陪母親到東京醫病為由，自己駕著車子把我和母親前呼後擁地送上船，前天才到東京。

母親不是不完全同情我，但是她受不了父親和舅舅的責難，同時也疼愛她的姪兒子。

父親和舅舅在東京的朋友很多。在上海我是住在鐵籠子裏，在東京我是住在金絲籠裏，這封信還不知道能不能到你的手裏？

現在我和母親的死活糾纏在一起，我的心思千言萬語也講不盡，箱子裏藏的那幅梅花，你不妨取出來看看，梅樹上的那對鳥右上角那首〈梅花引〉詞，就可以代我說明一切，你尤其要記住詞的最後幾句。

山上很涼了吧？徐先生他們是否已經下山？……不必掛念我，你自己當心冷暖。留得青山在，才可以共享七分風水，三分明月……

她的信沒有太多感傷的語句，我知道這是為了我的緣故。但是事實擺在眼前，我想平靜也辦不到，她一定經過長久的痛苦掙扎，才能寫出這封信來。她的感情如玉淵、龍潭，只有我能探測。

素雯從我手裏接過月仙的信，人仰也走了進來，他們兩人看見信後，互相望了一眼，沉默了一會兒，人仰才自言自語地說：

「果然不出我所料。」

「瞎貓碰著死老鼠，你算什麼狗頭軍師？」素雯故意白人仰一眼。

「當初夢華不肯聽我的話，妳也不以為然。其實我是為他們兩人著想，不單是為夢華打算。在我們這種中不中西不西的社會，一切都要從權。可惜夢華只接受了我一半意見——上山！」

「人仰，雖然事情已經到了這步田地，我始終感激你。」我強打精神坐起來說。

「別再酸秀才了！」人仰友愛地拍拍我：「不是我潑你的冷水，形勢比人強，以後恐怕你只好兔兒望月了。」

「你真是狗嘴裏吐不出象牙！」素雯白了人仰一眼，指指月仙的信又指指牆上的畫：「月仙的意思你還不明白？」

人仰還想說點什麼終於嚥了下去。我對素雯說：

「人仰的話沒有錯，妳不要怪他。」

「怎麼？你也不相信月仙的話？」素雯睜大眼睛望著我，有點憤憤不平。

「相信，我完全相信！」我大聲地回答：「但是我在廬山，她在東京，我們隔山隔海，還隔著世俗人情，我們除了心心相印之外，她能怎樣？我又能怎樣？」

「你不要急，日子還長，」素雯指指畫上的〈梅花引〉詞：「那上面不是明明寫著：『莫猜疑，莫嫌遲，鴛鴦翡翠，終是一雙飛』嗎？」

「素雯，謝謝妳。」我心裏有很多話，但我只能說出這兩句。

我把月仙的信藏在內衣口袋裏，走了出來，人仰素雯連忙問我：

「你到那裏去？」

「隨便走走。」我說。

「你也應該出去散散步，寬寬心，不要悶壞了身體。」人仰說。他們兩人雙雙把我送到門口。

我漫無目的地走，心裏像塞了一塊石頭。很想找一個荒僻無人的地方靜靜地坐，靜靜地思想。突然我想起了「捨身崖」，那裏不但偏僻，而且險峻，一塊三四尺寬，一兩丈長的崖石橫空突出，下臨絕壑，拔地千仞，無人敢登，盛夏時也很少人去，現在自然更無人去了。

山上的遊客幾乎絕跡，我碰著的轎子都是下山的，洋人的住宅十之七八都空了出來。

我循著文殊臺的小徑，來到捨身崖，空山幽徑，闃無一人，只有秋風搖著樹枝，吹得落葉飄飄，吹得我衣袂飄飄。

上次我和月仙人仰夫婦同來時，還有幾位別的遊客。人仰膽大，他登上捨身崖站了一會兒，我想繼人仰上去時，月仙連忙把我拉住，輕輕地對我說：

「不要冒險。」

我看她那一臉關切的神色，真的沒有上去。

現在我踏上捨身崖，沒有任何人勸阻。周圍也沒有任何遮攔，連一根樹枝都沒有，我凌空而立，頭上是青天，下面是萬丈絕壑，只有腳下一塊黑色的劍般的崖石托著我。風很大，我的長夾袍像旗幟一樣飄了起來。

我盤膝坐在崖石上，風從我身邊掠過，雲不時包圍我，我與人世完全隔絕，連鳥兒也沒有看見一隻。

我數著前塵往事，數著與月仙在山上的日子，一點一滴我都牢牢記住。而此刻我和月仙卻天各一方，我不知道她在東京作些什麼？她也不知道我會坐在捨身崖上，而我只要把身子一歪，就會掉下去跌得粉身碎骨。

我摸出月仙的信又看了一遍，信紙被風吹得嗦嗦響，我心亂如麻，望著飄浮的白雲，和空洞幽暗的絕壑，不知如何是好？

夕陽染紅了山峰，染紅了捨身崖，我也像跌進染缸裏。風已靜止，黃昏時分萬籟俱寂。

中秋前夕，月亮與太陽幾乎同時起落，紅霞剛褪不久，我身上又染著一片清輝，天空藍得像海，群山靜寂，我在月亮的清輝之下再展讀月仙的信，我彷彿聽見她的心聲，聽見她的細語，此刻我又覺得她在我身邊，她的頭髮拂在我的臉上，癢癢的。……

突然我聽見老王的淒清的叫聲，彷彿冷水澆頭，這才突然清醒過來。

老王發現了我，馬上跑了過來，一把抓住我，拖了下來，大大地歎了一口氣：

「老天爺！你怎麼上捨身崖？我老王的心都差點兒跳出來了。」

我沒有作聲，老王架著我走，生怕我逃跑似的，其實我的手腳是軟綿綿的，如果老王不架著我，我真走不回心園。

後來又遇著馬蘭，她在路上徬徨，一發現我和老王，便飛奔過來，氣喘吁吁地問我：

「你到那兒去了？大家都提心吊膽！」

我真沒有想到出去一趟惹得大家這麼緊張，還驚動了馬蘭，我感到十分內疚。

人仰夫婦也在小橋邊徘徊，發現了我連忙趕了過來，人仰帶著責備的口吻問我：

「夢華，你怎麼一個人瞎跑？廬山多的是龍潭虎穴，要是有三長兩短，你怎麼對得住月仙？」

「少爺，別提！」老王歎了一口氣：「他一個人跑到捨身崖，那簡直是和自己過不去。要是一筋斗翻下去，少爺，您叫我老王那裏去找？」

素雯同情地打量了我幾眼，突然提起我長夾袍的下襬，惋惜地說：

「你自己看看，好好的嗶嘰夾袍，掛成了破布片兒。」

「妳真婆婆媽媽！」人仰指著素雯說：「人回來了還在乎一件夾袍？」

素雯沒有作聲。老王和馬蘭扶著我走過小橋，走上石級，走進心園。

我手足顫抖，一身癱軟，老王和馬蘭把我扶進房裏，我便像一團稀糖攤在床上。

月亮彷彿已經爬到中天，房間裏清輝滿地，迷糊中我依稀聽見素雯對馬蘭說：

「謝謝妳，十二點多了，妳回去睡覺吧！」

第三十五章　守貞淚盡紅塵裏　老友情深竹葉青

我一睜開眼睛，就發現床頭的茶几上，放了一隻瓷盤，盤上放著切好了的嫩藕片和一隻削了皮的天津梨子。心園沒有蒼蠅，沒有灰塵，我不知道放了多久？但看來雪白乾淨。

我從枕頭底下摸出老火車頭一看，九點差五分。月仙走後，我的生活完全走了樣！她在山上時，我從來沒有睡到這麼晏，通常是六點多就出外散步，她走後我好像失掉了重心，生活顛顛倒倒，往往獨坐到深夜一兩點鐘才睡，有時睡到半夜又披衣起床獨坐，現在快九點了，我還躺在床上。

我勉強爬了起來，腳一落地，就像踩在棉花上，身子虛飄飄的，因為我已經一晝夜沒有吃東西，昨天晚上躺上床後，老王也沒有打擾我。

老王發現我起床，連忙進來看我，他看我兩腳不著實，連忙扶著我在床沿坐下，把盤子端到我面前：

「何先生，人是鐵，飯是鋼，你還是先吃點東西吧！我看你是餓慌了。」

的確，我實在很餓，但嘴裏難過得很，不漱口洗臉我是不想吃東西的。而我和月仙一向是廚房洗臉，老王知道我的意思，不讓我去廚房，他把洗臉漱口水都端了進來。

漱洗之後，我先吃了一個梨子，精神好些，我問老王，這兩樣東西是那來的？老王說：

「今天中秋，我起了個大早，從牯嶺買來的。」

剛剛起來我沒有想到今天是中秋，老王一提，我心裏一涼，上月十五我送月仙去九江，那天晚上在花園飯店她對我說，希望能回到山上和我共度中秋。我也一直這樣期待，誰知她的希望和我的期待不過是兩個美麗的肥皀泡泡，轉眼就破滅了。她的話已成虛語，我的夢一場空。那雪白的嫩藕我已無心再吃，那天晚上我們共嚐新藕，現在看到它心裏就有點刺痛。

「嫩藕清甜，您應該再吃一點。」老王指指藕片說。

「老王，我已經夠了，你自己吃吧！」我說。

人仰夫婦大概是聽見我和老王說話，牽著小雯走了進來，小雯看見藕就要吃，老王連盤子都交給她了。

「你還沒有吃稀飯吧？」人仰問我。

「剛才吃了一隻梨子。」我說。

「老王，冰糖蓮子稀飯熬好沒有？早點給何先生吃。」素雯對老王說。

「蓮子還沒有熬透，」老王說：「再等一盞茶的工夫就好了。」

他們對我的關心，我已經無法用言語表示我的心意，我推說不餓，叫老王不要著急。人仰夫婦坐了一會兒，覺得沒有什麼話好講，又回自己房裏去，他們絕口不提月仙，又沒有適當的話來安慰我，只是教我注意身體，而我最不感興趣的就是我自己的身體，我認為它僅僅是一張臭皮囊了，實在沒有什麼價值。

上午十點多鐘，小尼姑守貞特地送了一小籃山下的梨子和幾個柚子上來，我在房裏望見她高高興興地走過小橋，爬上石級，要是往日，月仙一定拉著我出去迎接，現在看見小尼姑我心裏格外難過，我沒有出去，她也沒有看到我。

她進了心園好半天，才到我房裏來，眼睛紅紅的，一聲不響，和她平時完全是兩個樣子。

「守貞，妳怎麼好久不來？」我站起來迎接她。

「我有事，現在我真後悔！」她的眼淚汨汨地流出來：「早知如此，我該天天來！我做夢也沒有想到會有這樣的事！」

守貞的眼淚引起我的感傷，我一句話也講不出來。我們相對無言地坐了一會兒，她就起身告辭，我也無心留她吃飯，隨即送她出來。素雯連忙趕到我的身後，關心地說：

「不要走遠了。」

已往多半是月仙送她，尤其是那次她決定還俗，還特地示意我避開。現在月仙走了，我自然義不容辭地送她。

她一直走，一直低著頭流淚，我從來沒有看見她這麼傷心。已往我只看見她活潑，天真，俏皮，以為她不知愁苦。現在她彷彿換了一個人。她長大了一些，走在我身邊，和月仙一般高矮。

「守貞，妳知道了我們的事情？」我輕輕地問她。

「老王統統告訴我了。」她抬起頭來眼淚盈盈地望著我說。

既然她統統知道了，我就沒有再講的必要，我保持沉默。

「原先我以為今天上山來會像往日一樣和她說說笑笑，」她抬起灰色袈裟的大袖子擦擦眼淚：「想不到是一場空歡喜！原先我以為你們是一對神仙，一對永不分離的鴛鴦，想不到神仙也遭了劫？棒打鴛鴦兩處飛！人生在世，還有什麼意思？」

「守貞，這是我們的事，妳何必這麼悲傷？」

「何先生，我絕不是貓兒哭老鼠，」守貞用力說：「一來是你們待我太厚，二來是我親眼看見你們那麼相好，我總以為你們是天造地設，一定是天長地久，我心裏實在羨慕。想不到狐狸偷雞，攔腰一口，我看了自然寒心。本來我決定還俗，你們是一面鏡子，照見了我前前後後，這三千煩惱絲，我還是重新剃掉！」

她突然把灰色帽子一拉，露出兩三寸長的新髮。我看了一怔，不知怎麼說好？她卻在自己的腦殼上拍了一下，自怨自譴地說：

「我真該死！為了蓄起這三千煩惱絲，我不出觀音閣一步，連你們這裏我也橫著心不來，想不到今天上山來，月仙姐姐已經走了一個月，連一句後話也沒有聽她講，現在隔著千山萬水，我這一輩子也見不到她了。」

她用帽子蒙著臉哭泣起來，哭得我一陣心酸，眼淚再也忍耐不住，一顆顆滴在黃沙路上。哭了好半天，她才把帽子擦擦臉，又戴在頭上。

「守貞，妳自己的事應該仔細思量。」我對她說。

「我還思量什麼？」她向我慘然一笑：「再好我也好不過你們，月仙姐姐那樣的才貌，那樣的好心，尚且落得個痛斷肝腸，我憑什麼能好過她？再說黃老大也不過是有幾斤力氣，他又怎麼趕得上你？看了你們，我自然會想到自己，如果天從人願，如果真是匹配良緣，人間又那有這麼多的和尚尼姑？」

「守貞，妳真的大澈大悟了？」我怔怔地望著她，我從來沒有聽見過她講這類的話。

「何先生，樹怕傷根，人怕傷心，你和月仙姐姐的事，使我開了竅，你們快樂，我也快樂，你們傷心，我也傷心，我知道你是眼淚往肚裏流，月仙姐姐的眼淚恐怕流了兩缸，我福薄命苦，還是敲敲木魚，撞撞鐘算了！」她用手抹抹眼淚說。

「守貞，妳這樣說，我也想當和尚了。」我被她說得心灰意懶，萬念皆空。

「不！」她向我擺擺手：「我一來是想修修來生，二來是替你和月仙姐姐唸唸經，求求觀音菩薩，請她大發慈悲，讓你們團圓。」

我真沒有想到她還有這種捨己為人的精神？她這種存心我無法用言語感激，這對她是一種很大的犧牲，即使真能感動觀音大士，我也不願意她這樣做。因此我誠懇地對她說：

「守貞，我感謝妳的好意，但我不願意妳為我們犧牲自己。一切我都聽天由命，絕不強求。」

「我主意已定，本來我就身在空門，並不完全是為你們。我前世未修，所以今生福薄命苦，不敢再妄想幸福，我還是好好地修修來生，投個好胎。」她流著眼淚，但情緒已漸漸平靜。

我把她送到橫門口，分手時她又再三叮囑我：

「何先生，你千萬不可動出家的念頭，我會早晚一爐香，替你和月仙姐姐向觀音菩薩多磕幾個頭。」

她的態度真誠嚴肅，不像往日的天真、俏皮，倒和觀音閣那尊盤膝而坐的觀音大士的神像有幾分相似。

我怔怔地望著她的背影，我對她有說不出的感激和尊敬、在此一念之間，我覺得她已經和佛接近。

「何先生、回去吧！不要老待在這裏。」我突然聽見老王在我背後說。

我慢慢轉過身來，望望老王說：

「老王，你什麼時候來的？」

「我早來了，我一直跟在你們後面。」老王回答：「何先生，對不起，我不是存心偷聽你們的話、我怕你一個人亂跑，那就會急得我睡不著覺。」

「老王，謝謝你的好意，」我說：「放心，我不會亂跑。」

「小尼姑的話很對，您千萬不可動出家的念頭。」

「老王，你們的好意我真不知道怎樣感激？」

「何先生，您何必說這樣的話？如果我老王有孫悟空的本領，一個筋斗十萬八千里，我會馬上飛到東京，把她揹上廬山來。」

「老王，這怎麼可能？」

「只要我老王能夠辦得到，前面就是一個火坑，我也會跳。」

對老王這種古道熱腸，我實在不知道說什麼好？

回到心園，素雯正在親自下廚，她已經弄好了好幾樣菜上桌，她看見我回來，笑著對我說：

「今天中秋，你吃吃我弄的菜看看？」

那天晚上請詹姆士夫婦，她已經弄了幾樣菜，味道很好，今天為了讓老王跟蹤我，她不得不自己動手，我的胃口雖然不好，但我還是表示願意多吃一點。

今天中午素雯不但弄了滿桌好菜，人仰還提出一瓶陳年竹葉青，他本來酒量很好，因為我平日滴酒不飲，所以他也很少單獨飲酒。

「今天中秋節，我們喝點酒助助興。」他笑著替我倒了一杯，同時替老王、素雯各倒一杯。我不願掃他的興，欣然接受，而且一杯杯地喝下去。人仰看了非常高興，拍著我的肩說：

「嗨！你平日酒不沾唇，我倒沒有想到你是海量？」

「夢華是滿瓶水不響，那像你半瓶水響叮噹？」素雯粲然一笑說，她顯然是想把氣氛弄得輕鬆愉快些，所以又自貶起來：「可惜我的菜沒有月仙弄的好，不然他更會多喝兩杯。」

我不願辜負他們的好意，同時心裏也悶得很，索性借酒澆愁，大喝起來。我和人仰連喝兩瓶之後，人仰還想去拿，素雯連忙以目示意，一語雙關地說：

「夢華是海量，千杯不醉；你要是再喝三杯，又會爛醉如泥。喝酒也是藝術，只宜微醺，不可大醉，你就是缺少這份修養。」

「太太，妳也給我留點兒面子，今天是『八月十五月光明』，妳怎麼唱起《三娘教子》來了？」

素雯嗤的一笑，老王連忙替我添飯。

如果人仰繼續拿酒來，我會一直喝下去，也許真的爛醉如泥？他不拿來，我也不便再要了。飯我倒沒有興趣，勉強吃了半碗就放下筷子。

人仰夫婦和老王看我吃飯時有說有笑，非常高興，素雯對我尤其體貼周到，不時說幾句笑話兒，逗我發笑。只是小雯不時提到月仙，吃完飯以後她帶著質問的口吻問素雯：

「媽，妳老早說阿姨就會回來，怎麼今天還沒有回來？妳騙我！」

素雯顧左右而言他。然後又嗔怪地對小雯說：

「小孩子那有這麼多的話？」

「妳和爸爸在房裏還不是時常談阿姨？」小雯天真的說。

人仰笑了起來，拍拍她：

「妳這個小阿墨靈！幸好爸爸媽媽沒有做賊，不然妳都要把贓掀出來。」

素雯笑著直搖頭，我對他們兩人說：

「月仙又不犯忌，我也不是三歲的孩子，你們何必避諱？」

「我們怕你心裏難過，尤其是過時過節。」素雯向我抱歉地說。

「你們不提月仙，難道我還會忘記？」

他們兩人默默無語。

我回到自己房裏，心裏空空盪盪，六神無主。

老王又削了一隻梨子端進來，笑著說：

「這是小尼姑送的土梨，外表沒有天津梨子好看，味道倒不壞，何先生，你嚐嚐看，梨子最解酒。」

因為梨子是守貞送的，同時我的舌頭也有點乾燥，接過梨子咬了一口，味道甜中帶點微酸，雖然比不上名產，倒也是落口消。老王看我吃完了梨子，感慨地說：

「小尼姑不但人長得像一朵花兒，心也玲瓏，而且有情有義。」

「廬山風水好，所以才能出她這樣的女人，可惜紅顏薄命。」我說。

老王望望我，輕輕地歎口氣，走了出去。

我和衣躺在床上，想睡卻睡不著，真個是舉杯澆愁愁更愁，我不知道月仙此時在東京究竟怎樣？想著、想著，我不自覺地淚下兩行。

我剛迷迷糊糊地睡著，便被一個粗魯的聲音吵醒，我睜眼一看，小和尚了緣像半截粗樹幹站在我的床前，向我傻笑。

「了緣，有什麼事嗎？」我問。

「師父邀你們兩位去黃龍寺看月亮，特地叫我來跑一趟。」他邊說邊摸出一張字條遞給我：

「這是師父寫的字條，你看了就知道我不是扯謊。」

我接過宣紙寫的字條，只有這麼幾句話：

年年中秋黃龍寺皓月當空，今年當不例外。山中貴客已如黃鶴飛去，敝寺老僧多已入定，貧僧也寂寞的很！謹備清茶一杯，水果數盤，敬請兩大居士，共享七分風水，三分明月。

釋慧真合十

右呈

何
古 兩大居士

看完字條，我心中一酸，抱歉地對了緣說：

「了緣，請你告訴師父，謝謝他的雅意，我們不能去黃龍寺了。」

「嗨！」了緣手在大腿上一拍：「今天有瓜有果，師父又把你們兩位當作知己，你們怎麼不去？」

「不是我們不去，是古居士下山去了。」

「那天下山的？怎麼也不給師父通個風，報個信兒？」

「她下山一個月了，走得匆忙，來不及向師父辭行，我代她告罪。」

「何先生，你怎麼這麼久也不到黃龍寺去？是師父得罪了你，還是我得罪了你？」了緣笑著問我。

「了緣，你們沒有得罪我，是我自己有事。」

「嗨！你這個地行仙，除了遊山玩水，還有什麼鬼事？」了緣向我一笑。「既不要向玉皇大帝交差，又不要向閻王老子報到，你是專來人間享福的，還有什麼鬼事？」

了緣這樣說，我只好向他苦笑，向他解釋也是白費，他不比守貞，守貞是好鼓不用重搥，甚至眼睛一溜就能看透一切。

了緣看我不作聲，又笑著問我：

「何先生，你到底去不去？」

「你代我謝謝師父，就說我不能去。」

「嗨！何先生，你這不是讓我白跑一趟？」

「對不起，我改天再去拜會師父，難為你了。」

他望望我，向我單掌當胸，作了一個告辭的手勢，走到房門口又突然轉回來，笑著對我說：

「何先生，不對，不對。」

「什麼不對？」我問。

「師父叫我來請你，有一張條子。你不去也得給我一張條子，不然我空口說白話，怎麼交得了差？」

我只好寫下這張便條：

慧真方文：

辱承寵邀，銘感無既。惟月仙已下山一月，臨行匆匆，未及踵辭，謹此告罪。徐兄夫婦尚在山上，不便獨行。今後我當以清風明月，作伴終生，不讓大師獨享也。匆匆不一，容當面謝。

順頌

禪安

何夢華再拜

了緣看了這張紙，向我一笑：

「何先生，你這筆字真是龍飛鳳舞，要是我在路上撿到，一定會以為是張當票。」

了緣的話使我啼笑皆非，但我不怪他，我的字也實在潦草，再則他又是這麼一個渾人，我只好叫他快點走。他把紙條往內衣口袋一塞，又笑嘻嘻地說：

「何先生，你真的不去？師父預備了一個臉盆大的月餅，還有梨子、板栗、鮮藕、石榴、蘋果……看著都流口水！這是特別為你們兩位準備的。」

慧真的盛情，真使我不忍推卻，但我又怕擾亂了他方外人靜如止水的心情，小尼姑已經受了我們的影響，慧真道行再深，恐怕也還沒有到太上忘情的程度？雖然了緣這麼講，我還是決定不去。

晚上，月華初上，老王就把那張吃飯的八仙桌搬到院子裏來，月餅、水果、茶杯，擺了一桌，還用一個小瓷香爐燒了一爐檀香。

素雯要老王送了一些水果月餅給馬林斯基，又把馬蘭請了過來。

馬蘭一看到這種情形，就高興地一跳，隨即在我旁邊的一張椅子上坐了下去。

入秋以來，廬山就顯得特別清爽，白天沒有雲霧繚繞，晚上更是一片藍天。今天中秋，滿月的光輝照得山色如銀，閃閃發亮。

牆角蟋蟀輕吟，微風飄過樹梢，枝葉輕輕顫動。

老王忙著分月餅水果，替我們倒茶。

馬蘭替我挑了一個石榴，把子剝了出來，放在我的面前。素雯也挑了一個蘋果給我。

小雯把多餘的月餅、柚子、梨子、蘋果、石榴都拿到自己面前，素雯看了有點生氣，輕輕白了她一眼：

「小雯，妳怎麼這樣貪食？媽不喜歡妳。」

「媽，你們都不留給阿姨，我要留給阿姨！」小雯翹起小嘴說。

素雯雙手把她摟進懷裏，眼裏閃著淚光，在小雯耳邊喃喃地說：

「好女兒，媽錯怪了妳！妳有良心，阿姨沒有白疼妳。」

「媽，阿姨明天會不會回來？」小雯問。

素雯無法回答，望望人仰，人仰對小雯說：

「今天晚上要好好地看月亮，妳不聽話阿姨就不會回來。」

小雯馬上抬起頭，望望月亮，輕輕地唱起來：

「月光光，照四方……」

人仰和素雯笑著誇獎她乖，聽話，又把自己的水果分給她。

於是大家安靜地吃月餅、水果，喝清茶。檀香嫋嫋，清輝滿地，比我昨夜回來時更加皎潔。

無論我表面裝得怎樣愉快，卻無一刻不想念月仙，一個月前的今夜，我們還在一塊，共賞同樣的明月，假如她今天回到山上，無論是在心園或是去黃龍寺賞月，那我們這個中秋就過得更加歡欣愉快。可是她的「共享七分風水三分明月」的話已成虛語，我的期望也完全落空。記得去年冬天我們初上山時，她對蘇東坡那首「水是眼波橫，山是眉峰聚」的〈卜算子〉特別欣賞，還指給我看。現在我卻想起蘇東坡的另一首〈西江月〉，不禁淒然淚下。

世事一場大夢，人生幾度秋涼。夜來風葉已鳴廊，看取眉頭鬢上。
酒賤常愁客少，月明多被雲妨。中秋誰與共孤光？把盞淒然北望。

第三十六章 昨夜西風凋碧樹 今朝知已下青山

中秋過後，山上更是冷冷清清，所有的洋房別墅，只有心園和詹姆士家還有人住。詹家院子裏的楓葉已經開始變紅，山上的樹葉有的在一片片凋零，有的也紅上枝頭了。

心園的菊花正含苞待放，秋風蕭索，瘦菊伶仃，我心裏感到特別惆悵淒涼。

本來我和月仙都喜愛讀詞，月仙走後，我更是百無聊賴，日夕以詞為伴，近來更是手不釋卷。

檻菊愁煙蘭泣露，羅幙輕寒，燕子雙飛去。明月不諳離別苦，斜光到曉穿朱戶。
昨夜西風凋碧樹，獨上高樓，望盡天涯路。欲寄彩鸞無尺素，山長水闊知何處？

芙蓉金菊鬥馨香，天氣欲重陽。遠村秋色如畫，紅樹間疏黃。

流水淡，碧天長，路茫茫。憑高目斷，鴻雁來時，無限思量。

一天深夜，我正在讀晏殊的這兩首〈蝶戀花〉和〈訴衷情〉時，人仰夫婦雙雙走了進來。我放下書本向他們打了一個招呼，他們便在我對面的沙發上坐下。

他們看看我，又看看書，過了一會兒素雯才期期艾艾地對我說：

「我們準備明天下山。」

「現在快近重陽，你們早就該下山了。」我說。

「我們想等你一道下山，所以才拖了這麼久。」人仰說。

「我早說了我不下山。」

「看樣子月仙是很難上山了，你一個人待在山上有什麼意思？」素雯說。

「下山又有什麼意思？」我反問她。

「山下人多，不像山上這麼寂寞。」她說。

「妳把我放進大觀園裏，我還是一樣寂寞。」我說。

「總比你一個人在山上讀這些鬼詞好些！」人仰指指那兩首加了紅圈圈的詞說。「你這樣下去，真會得相思病。」

素雯掩著嘴笑，又輕輕地白了人仰一眼：

「你說話簡直像個鄉下人，總是上下一般粗。」

「太太，我實在是為他著急，這樣下去鐵打的金剛也會毀的。」人仰望著素雯說。

「你放心，我死不了的。」我說。

「夢華，不是我咒你，」人仰指著我說：「人生自古誰無死？一下子死了倒也痛快，像你這樣刻骨相思，才叫活受罪！」

「你越說越不像話了！」素雯截住他說：「月仙不過是一時脫不了身，總會天從人願的。我們只能勸夢華和我們一道下山去散散心，你怎麼口沒遮攔死呀活的？我看你應該用草紙擦擦嘴。」

人仰真的從褲子口袋裏掏出一張草紙在嘴上擦擦，隨後又向我一笑：

「夢華，說正經話，明天你同我們一道下山好不好？」

「你不要勉強我，我覺得在山上好些。」

「你同老王兩人對我生財，好什麼？」人仰反問我：「再說，月仙也一再囑咐你當心身體，你在山上要是有個三病兩痛那怎麼辦？」

提起病我會更想念月仙，大年初一那場病，月仙對我關切照顧，我這一輩子也不會忘記。但是如果我真的再生病，那種心情的痛苦我是受不了的，因此我不免有點隱憂。

素雯看我不作聲，立即補上一句：

「我看你還是和我們一道下山去好。」

「不，」我搖搖頭：「山上的一丘一壑，一草一木，都和我分不開，見了它們，如同見了月仙，如果你們不趕我走，我決定留在心園。死生有命，老王能住，我也能住。」

「不是我們捨不得心園，實在因為心園是個傷心之地，你會迎風落淚，對月生悲，你不離開，心情就好不起來。」人仰輕言細語：「要是月仙真能回來，你們有情人成為眷屬，我馬上把心園奉送，讓你們在這裏吟風弄月，逍遙自在，好不好？」

「難得你有這片好心，只是我沒有那份福氣。」我對人仰說：「不過我現在實在不想下山，請你們讓我住一個時期。」

他們兩人看我詞意堅決，相視苦笑。隨後素雯又對我說：

「那你在大雪封山以前，一定要下山去！」

「到那時再說。」

「你明天真的不跟我們下山了？」人仰失望地望著我。

「明天我會送你們下去的。」我說。

「老王會送我們，你不必勞步。」素雯說。

「你們對我這番深情厚意，就是送到上海也是應該的。」

「你要是真肯送我們到上海，我倒非常歡迎。」素雯向我一笑。

我沒有作聲，人仰卻對素雯說：

「對了，我們原先說送夢華一樣東西，我忘記帶過來，妳去拿來好不好？」

「我們又不外人，送我什麼東西？」我奇怪地問。

素雯一笑而去，隨即拿了一本黑殼金字的《聖經》過來，雙手遞給我說：

「無事時你讀讀《聖經》，心情就會安靜下來。」

「這是你們讀的，怎麼送我？」

「我們下山可以再買。」人仰說。

「我不是教友，用不著《聖經》。」

「閒來無事，看看又有何妨？」素雯笑著勸我。

我只好收下，插進書架。

第二天早晨，老王去牯嶺叫了三頂轎子到心園來。人仰夫婦收拾停當，正準備去向馬蘭父女告辭，馬蘭卻跑了過來。

「你們今天下山？」她問素雯。

素雯點點頭，隨口問她一句：

「你們什麼時候下山？」

「我們不下山。」馬蘭搖搖頭。

「那你們一直在山上住下去？」

「那要看詹姆士怎樣決定？反正我們無家可歸。」馬蘭淒然地說。

「你們要是下山，可以到上海找我，也許我可以幫你們一點小忙。」素雯安慰她。

她向素雯說聲謝謝，望望那三頂轎子又疑慮地問我：

「你也下山？」

「我送他們兩位下山。」我說。

「還上不上來？」她又關心地問。

「明天就上來。」

她寬慰地一笑，又輕輕地對我說：

「如果你也下山，那我真寂寞死了！」

「我不會下山的。」

「你是不是等月仙姐姐？」她笑著問我。

她和守貞同月仙在一起的時候，沒有叫月仙姐姐，月仙走後她們都不約而同地叫月仙姐姐，而且叫得那麼自然親切，我聽了都感到幾分安慰。

我點點頭，我雖然知道這是一個絕望的等待，但是我不願走。在山上我可以追尋她的腳跡，追憶她的聲音笑貌，一草一木，都可以使我保持那份記憶。

「月仙姐姐到底什麼時候回來？」她輕輕地問我。

我搖搖頭，她輕輕歎口氣。

老王把大門一鎖，走了下來。人仰素雯和馬蘭握握手，帶著小雯坐上轎。馬蘭向我伸過手，緊緊地一握，我也坐上轎。

「請妳替我照顧一下門戶，說不定今天下午我就會趕回來。」老王拜託馬蘭。

馬蘭點點頭，又向我們揮揮手。

我們這三頂轎子大概是今年山上最後下山的轎子。猴子嶺，長衝一帶的房屋也已經上鎖，院子裏落葉滿地，隨風起舞。

牯嶺的店鋪有些已經關門，開著門的店鋪也是門可羅雀，冷冷清清。

從牯嶺到好漢坡，我們只遇著兩個挑擔下山的腳伕，下了好漢坡，才遇著一個上山的郵差，這和夏天山陰道上的情形相差太遠了。

到蓮花洞後，我們搭汽車到九江，老王先到江邊打聽船期，買好了次日上午八點的房艙票，我們幾個人又住在花園飯店，我特別要茶房給我上次和月仙同住的那個房間，現在沒有客人上山，生意不如夏天，那茶房認識我，很客氣地照辦了。

晚上我一個人坐在上次和月仙同坐的臨湖的欄杆旁邊，沒有星星，沒有月亮，黑暗包圍我，湖上西風朔朔，一片淒清。

「何先生，您怎麼還不睡，一個人坐在這裏發呆？」住在我隔壁房間的老王，輕輕地走了過來。

「上次我和月仙在這裏坐過。」我說。

「唉！」老王歎了一口氣：「何先生，我看您也該看開一點，不要傷了身體。」

「老王，我什麼事都看得開，只有這件事看不開。」

「本來嘛！您是一根腸子到底的人，她又那麼值得您牽腸掛肚，我老王看著也心酸。上次您送她下山，我就耽心夜貓子，現在果不其然！」

「人仰、素雯一再勸我下山，老王，你說我怎麼能下山？」

「何先生，少爺、少奶奶真是命好！他們不但是一碗飯長大的，又事事稱心如意，怎麼知道黃連是甚麼味兒？您看，現在他們已經睡得安安穩穩，您一個人還坐在這兒，他們怎麼會想到您心裏有螞蟻在咬？」

「老王，您怎麼也沒有睡？」

「嗨！我老王心裏有本陳年爛賬。人不死，賬不清，我睡覺也沒有他們那樣安神。我看您房裏有點亮，我就猜想您沒有睡，果然您坐在這兒。」

想到明天清早還要送人仰夫婦上船，我只好催促老王去睡，自己也走進房裏。

第二天清早老王和我幾乎同時起來，人仰夫婦比我們起得晏，素雯起來後還梳洗化粧了半天，早點也來不及吃就跳上黃包車趕到江邊，早晨街上所有的女人都沒有她打扮得這麼花枝招展。

送他們上船之後，素雯又對我說：

「同我們一道回上海去，在船上補張票好了。」

我搖搖頭，她輕輕一歎：

「我真不敢想，你一個人在山上怎麼過？」

「還不是迎風落淚，對月生悲？」人仰調侃地說：「轉眼間山上又要下雪了，讓他一個人去熬吧！說不定他真能感動月下老人呢？」

素雯白了人仰一眼，遞給我幾塊餅乾。

突然汽笛尖叫一聲，老王把我一拉，我跟著老王走出房間，人仰夫婦把我們送到船舷，人仰鄭重地囑咐老王：

「老王，你要好好地照顧何先生，今年不比去年。」

「少爺，我知道，您不用勞心。」老王說。

江水已經退落，不像我上次送月仙時水與岸平，現在已下退好幾公尺，船行的速度沒有那時快。

望著輪船漸漸東去，我又想到月仙背靠著欄杆把頭埋在掌心哭泣的情形，我的心又感到一陣絞痛。

老王拉拉我的衣袖，我才驀然警覺，老王向我苦笑：

「何先生，我們上山吧？」

我點點頭，叫了兩部黃包車，和老王坐到車站，剛好趕上八點半的班車，直駛蓮花洞。

蓮花洞已經看不見一頂轎子，不像夏天，轎子排著隊在等客人，老王想為我找一頂轎子，我對他說：

「老王，不用費心了，一共就兩個人，我坐轎，你走路，不公平。」

「嗨！何先生，我生就的奴才命，從來沒有想到公平不公平。難得您有這片心，我老王揹也應該把你揹上山去。」

「用不著你揹，去年那樣的大雪天，我也走上了山。」

「唉！」老王搖頭一歎：「您提起那個雪天的事，就不由得我老王不佩服！她那麼金枝玉葉兒的，冒險同您上山，這份情義，就夠人想念一輩子了！」

「老王，人活著就是為了一片真情，別的還有什麼意義？」

「對呀！」老王雙手一拍：「何先生，我雖然沒有喝到四兩墨水兒，我的想法完全和你一模一樣。我老王最討厭的是女的水性楊花，男的拈花惹草。您們兩位都不是這樣的人，所以我老王把你們當祖宗一般敬重。」

「老王，你言重了，我們受不起。」

「不，何先生，我這是真心話。」

「謝謝你。」

「所以您們兩位的事，我老王心裏真有點兒不平，老天也是糊塗神，不睜開眼睛。」

「老王，不要怨天，也許我太福薄！」

「何先生，我看您不像福薄的人，怎麼在這件大事上偏偏遇著打頭風？」

的確，我也想不透，在別的方面，我都沒有遭遇什麼挫折，偏偏在這件事上使我創痛巨深。如果說我和月仙無緣，我們又心心相印，我想不會再有比我們更能相互瞭解相互信賴的人。

老王看我不作聲，也不再吭氣，我們悶著氣往山上爬，沒有碰見上山的人。金風肅殺，黃葉飄飄，滿山愁意。

我一面吃力地爬著好漢坡，一直想到我和月仙在雪中跋涉的情形，那時比現在艱苦百倍，然而我們的心裏卻有無限的慰藉。現在我心裏是一片空虛，比那時的寂寂空山更加孤寂。

回到心園以後，我也有人去樓空的感覺。人仰夫婦在時，我只是想念月仙，還不覺得十分冷清，尤其是小雯，蹦蹦跳跳，時常跑到我房裏來，拉著我扯上半天，人仰素雯也常借故跑過來和我聊一陣子。現在他們的房門已經關上，沒有一點動靜，老王一向不大講話，我只好望著桌上的書和月仙的畫發呆。

我們回來不久，馬蘭就跑了過來，她告訴我說：

「黃龍寺當家的和尚昨天下午來看你。」

「有什麼事嗎？」我好久沒有去黃龍寺，中秋以後本來想去看看他，當面道謝，可是一直提不起精神，心裏有無限的歉意，昨天我下山去，他來又撲了一個空，真不湊巧。他從來不上俗家，沒有到心園來過，昨天特地來訪，也許有什麼重要的事？

「他沒有講。」馬蘭說。

「我去看他。」我站起來想走。

「你剛回來，不妨休息一下，」馬蘭說：「他說了今天下午再來。」

「他知道我今天回來？」

「我告訴他的，我想你中午會到。」

「謝謝妳的關照。」

「這點芝麻大的事兒何必這樣客氣？」

「如果不是妳，慧真方丈白跑一趟我還不知道，那真對他不起。」

「這當家和尚很好，真像個讀書人的樣子，不像他那個野徒弟。」

隨後她又問問山下的情形，她一年沒有下山了。

直到老王來請我吃飯，她才告辭。

飯後我睡了一覺，昨天晚上失眠，今天又走了這麼遠的山路，實在倦得很，直到老王叫我，才醒轉過來。我醒後老王輕輕地對我說：

「慧真方丈來了。」

我本來是和衣而睡，馬上一躍而起，趕了出來，慧真正坐在書房裏，看見我出來連忙起立雙手合十為禮，還抱歉地說：

「對不起，吵擾了您睡覺。」

我也向他說了幾句抱歉的話，到廚房裏洗了一個臉再來陪他。

我走進來他正雙手捧著蓋碗喝茶，兩眼盯著牆上月仙畫的那張畫，他看我進來，指著畫笑著對我說：

「古居士的這幅畫是性靈之作，別人畫不出來。」

「您過獎了。」

「貧僧對畫雖只一知半解，可不敢信口開河。」

「可惜她不在這裏，不然正好請您指教。」

「那又不敢當了。」

「您兩次到心園來，一定有什麼見教？」

「好久不見，寺裏又很清閒，我特地來看看您。」他笑著說：「現在山上一片清秋，我們出去散散步好不好？」

我好久沒有散步，欣然同意。

外面真是一片清秋，天空藍而且高，真是「昨夜西風凋碧樹」，山上除了松杉之外，其他的落葉喬木，正在黃葉飄飄，路邊的大樹，葉子也在一片片飄落，落在我們的頭上，落在溪澗裏逐流而去。楓葉紅而未凋，秋山紅葉，本來極美，但我卻想起呂渭老的「一山紅葉為誰愁，供不盡相思句」這兩句詞來。

「古居士下山好久了？」慧真輕輕地問我。

「快兩個月了。」

「她怎麼突然下山呢？貧僧連送行也來不及。」

我把經過的情形告訴他，又抱歉地對他說：

「請恕她未向您辭行，恕我許久未去看您。」

「不必拘禮，」慧真向我微微一笑：「古居士下山去了，不但您若有所失，貧僧也覺得非常可惜。名山勝水，也要雅人陪襯，否則這秋山紅葉，您們該要寫出多少佳句？」

「只怪我福薄，冷落秋山。」

「但願我佛慈悲，明年此日，您們能共享這一片清秋。」

「只怕太難。」

「古居士題的那首詞寓意很深，非比等閒，神仙小劫，不必灰心。」慧真安慰我。

「謝謝您的金言。」他的話的確使我得到不少安慰。

「貧僧是方外人，本來不該問這種事，但兩位與貧僧特別投緣，所以貧僧也特別關心。」

我對他的好意一再致謝，他卻光風霽月地說：

「貧僧怕您想不開，所以特地來看看您，心園也許太寂寞，黃龍寺的和尚多，您要是不嫌粗茶淡飯，不妨到黃龍寺去住住。」

我已經打擾他太多，實在不敢再去打擾，同時我也不願離開心園，因此我婉謝了。

「您放心，我不是要您當和尚。」他打趣地說。

「如果我當和尚，一定拜您為師。」我說。

「阿彌陀佛！」他雙掌當胸一合：「貧僧那有這種榮幸。」

「只是我六根未淨，不敢輕入空門。」

「情深難免為情所累，您和古居士都是性情中人，出家人都難得一個空字，何況是您？所以我只邀您到黃龍寺住住，並不勸您出家。」

慧真的確是個解人，他的好意我不知道如何感激？我把他送到交蘆橋時已近黃昏，他不讓我再送，灰色僧袍一展，雙手一攔：

「不必再送了，有空不妨來黃龍寺陪我下盤棋，遣遣愁，解解悶。」

我望著他飄然而去，站在橋上六神無主。

夏天的黃昏，我和月仙常常站在交蘆橋上看虹，有一次她笑著對我這樣說：

「我們搭彩虹上天去，作一對神仙伴侶好不好？」

「我怕遭天譴，能這樣作一對地行仙我已經心滿意足了。」我說。

了緣曾經說我們是地行仙，我也知足，不敢再有奢望，然而我連這一點薄福也難保有。此刻是空山寂寂，暮色蒼茫，我孤獨地站在交蘆橋上，空虛惆悵。

嫋嫋秋風起，蕭蕭敗葉聲。我不覺黯然淚下。

第三十七章　佳人一意陪孤雁　弱水三千飲半瓢

人仰夫婦下山以後，來過好幾封信，殷殷勸慰，要我注意身體，最好大雪以前下山去，我自然非常感激。

然而月仙一直沒有信來，我天天盼望，次次落空，我不知道她究竟怎樣？是她母親病重？還是她自己生病？甚或同表哥結婚？我毫無所悉，像住在一個悶葫蘆裏。

也許真的憂能傷人，陰曆九月底我病倒了。老王急得像熱鍋上的螞蟻，因為我買的西藥和老王所用的土方，都沒有效。一天，老王突然領悟到我害的是心病，心病自然要心藥醫，他悄悄地把馬蘭請了過來。

這一向我越是愁苦，越不願意見人，連老王我也不願意和他講話，馬蘭來過幾次，看我冷冷冰冰，也帶著滿臉委屈和哀怨走了，隔了好幾天都沒有來，所以我生病她也一點都不知道。

她來的時候我也不知道，因為我一直失眠，剛好迷迷糊糊睡著，醒來時才發現她坐在床邊，滿臉焦慮神色。她怕我怪她，連忙向我解釋：

「對不起，我不知道你生病，要不是老王告訴我，我還蒙在鼓裏，我真不知道我該不該來？」

「謝謝妳，我沒有甚麼大病。」我說。

「可是你在發燒。」

「妳怎麼知道？」

「剛才我摸過。」

「也沒有甚麼大不了。」

「可是老王急得很，他不知道你是什麼病？」

「人吃五穀雜糧，自然會生各種奇奇怪怪的病，老王又不是醫生，他怎麼知道？」

「我看你是想月仙姐姐想病的？」她望望我捉摸地說。我沒有作聲，她又後悔失言，抱歉地說：

「對不起，我不該講這樣的蠢話！」

「馬蘭，妳沒有講錯，」我安慰她：「我的病和她多少有點關係。」

「月仙姐姐還沒有信來？」

我搖搖頭。她輕輕歎口氣，隨後又勸我：

「其實你自己也應該保重一點，老王說你常常坐到雞叫還不睡，這又何苦？」

小雯當小鳥養的那對小雞已經䜌大了，公的早已會啼，因為山中太孤寂，老王捨不得殺，我也不想吃牠，所以一直養了下來。我常常坐到牠啼叫後才上床去睡。

「我很希望一睡千年，但是我沒有那麼多的瞌睡。」我說。

「要是你真能一睡千年，那不成了神仙？」她望著我一笑：「那我的骨頭不打了鼓，還見得到你？」

「這樣才可以一睡解千愁。」

「你的想法很怪。」

「可惜我辦不到。」

「你要不要茶？我跟你倒。」她突然站起來問我。

我時刻感到口乾舌燥，剛才多講了幾句話，口裏更像六月天的旱田。我點點頭，她隨即從開水瓶裏倒了一杯水，放在嘴邊吹吹，再遞給我。

我的舌頭有點麻木，不怕燙，喝完水後我又需要休息，我對她說：

「謝謝妳，我需要睡一下。」

她把杯子接了過去，又替我把被子蓋好，然後以一種混合幾分歡喜幾分哀怨的眼光看了我一眼，輕輕地走了出去，不像以前腳步那麼重。

在我病勢相當沉重的時候，人仰從上海航空寄來好幾副中藥，因為我生病老王就寫了航空信告訴人仰，隨後又打了電報，人仰根據老王報告的情形，再加上他自己的瞭解，找了上海一位名醫，開了幾副中藥寄來。吃了兩副藥後，我的病就減輕了一半，老王高興地對我說：

「何先生，謝天謝地，這真是華陀再世，扁鵲重生，您這個病實在難診得很！要是您有個三長兩短，我老王也不想活了！」

「老王，我兩次讓你受累，心裏實在不安。」

「何先生，您再也不要這樣客氣了，」老王笑著說：「一來是我們有緣，我老王服侍您一下也是應該；二來上次是靠月仙小姐細心照顧，所以您好得快，這次又得馬蘭姑娘替我分勞分憂，才不致於使我慌了手腳，亂了方寸。現在藥已對路，再吃幾副保險好。」

馬蘭站在老王身邊，默默地望著我，我向她說了幾聲謝謝。

「別謝了，」馬蘭黯然一笑：「病好以後，不趕我走就行。」

我對她既感激又抱歉，但是我沒有辦法講出我內心複雜的情感，我只好默然不語。

「麻煩妳照顧一下，」老王輕輕地對馬蘭說：「我去煎藥。」

老王走後，馬蘭看了我一眼。

「你桌上有本《聖經》，我拿來讀給你聽聽好不好？」

人仰夫婦送給我的那本《聖經》，我還沒有讀過，她願意讀給我聽，倒省得我自己用腦筋。要是月仙，她就會唸點詩詞給我聽聽，她的聲音很美，唸起來抑揚頓挫，比我自己讀更有味。但是馬蘭不懂韻律，也沒有月仙那份修養，唸起來一定不是味兒。她讀《聖經》也許很好，因為她是教友，《聖經》又不是中國出產的，不會像我們中國的經典那麼字斟句酌，有腔有韻。

我點點頭，她高興地把身子一旋，裙子像傘樣地張開。

她把《聖經》拿來之後，坐在我的床頭，雙手捧著，先讀了幾段福音，然後看看我，把書翻，又朗誦起來：

無論作什麼，或說話，或行事，都要奉主的名，藉著祂感謝父神。你們作妻子的，當順服自己的丈夫，這在主裏面是相宜的。……

對女人說，我必多多加增你懷胎的苦楚，你生產兒女，必受苦楚，你必慕戀你丈夫，你丈夫必管轄妳。……

因為丈夫是妻子的頭，如同基督是教會的頭……

「馬蘭，妳讀這些幹什麼？」我笑著問她。

她把《聖經》一合，臉孔微微一紅，向我一笑：

「我信神的話，我會作一個好妻子。」

「妳讀過中國的《女兒經》沒有？」我問她。

「沒有。」她搖搖頭。

「月仙從小就讀過《女兒經》。」我說。

「難怪她那麼愛人！」馬蘭雙手輕輕一拍：「你找不找得到《女兒經》？」

「山上找不到。」

「你託徐先生代我買一本好不好？」

「上海那種洋地方現在不一定買得到，九江這種地方或者還有？」

「那你下次去九江時替我買一本好不好？」

我點點頭，她高興得很。

老王把藥煎好以後，連罐子端了進來，馬蘭連忙接住，把藥汁濾在碗裏。

「何先生，這是頭道藥，力道足些，你吃了這副藥，你的病十成準可以去掉九成。」老王說。

我也不懷疑這個藥性，也許這副藥吃下去，我會痊癒的。

馬蘭把藥端到我的面前，老王立刻退了出去。我喝了一口，又苦又燙，馬蘭連忙放在自己嘴邊吹吹，再遞給我喝。

喝了藥後我又蒙著頭睡，馬蘭替我把被子蓋好，把兩邊塞緊。然後我聽見她墊著腳跟走出去，步子很輕很輕。

以後我又連續吃了兩副藥，病已完全好清，只是心裏還空虛惆悵得很。

人仰音書不絕，月仙仍然沒有信來。

院子裏黃葉飄飄，飄到我的房裏，飄上我的書桌。山上楓葉紅似火，我有寫不盡的相思，理不清的愁緒。

一天下午，我正憑窗閒眺，心中茫無頭緒，突然發現馬蘭走過小橋，她穿著旗袍，頭髮也剪了，而且梳成月仙的那種型式，我心裏一驚，老王笑著跑了出來，大聲地說：

「嗨！妳這才像個中國人！」

馬蘭非常高興，又抬頭望望我，笑著問：

「你看像不像？」

雖然她的頭髮還是那般黃，鼻子還是那般高，走路也沒有月仙素雯那般文雅，我還是點點頭，她卻十二分的高興，比老王大聲地讚美她更開心。

「馬蘭，妳怎麼想到要穿旗袍？」老王問她。

「旗袍文雅嘛！」她笑著回答，瞥了我一眼，又故意問老王：「老王，你不是喜歡旗袍嗎？」

「我是中國人，當然喜歡旗袍。」老王回答。

她又抬頭望了我一眼，才和老王一道走進屋來。

「你現在好多了。」她走進書房向我一笑。

「真的？」我摸摸自己的臉，覺得陷下去了很多。

「我還騙你？」馬蘭眉峰一聚又望望老王：「不信你問老王好了。」

老王也附和著說我好了很多，我知道他是寬我的心，我也裝著信以為真。

「妳父親同意妳剪頭髮？」停了一會兒我問馬蘭，我記得那次我和月仙邀她去牯嶺理髮，她父親就不主張她剪短，說那樣才像她當年的母親。

「我要剪他怎麼能不同意？」

「那樣像個馬尾巴，」老王說：「還是剪了好。」

「老王，難得你誇獎我。」馬蘭高興地向老王說。

「我老王是大板斧劈木柴，一下兩塊。」老王笑著回答。「該『講』的就『講』，不該『講』的不『講』，這樣豈不痛快？如果妳去年初來時是這身打扮，我就不會擋駕。」

馬蘭不但不怪他，反而高興起來，笑著對我說：

「你病後還沒有出大門，我們出去走走好不好？」

我沒有作聲，老王立刻附和她說：

「對，何先生，您真應該出去散散步，我也陪您去。」

我們三人一道出來，仍然是沿著我和月仙散步的老路走，只是黃沙路上鋪滿了落葉，走在上面發出沙沙的聲響。

有些樹枝已經沒有一片葉子，光禿的樹幹撐向天空，有的還有幾片殘葉，風一吹又飄然而下。

老王走到他和洋人打架的地方突然一停，故作慌張地對我說：

「何先生，該死！我忘記了關門！」

「山上沒有人，誰來偷？」我說。

「別的我倒不怕丟，就怕丟了您那幅畫！」說著他就往回跑，我也只好由他。

馬蘭望著他的背影一笑，回過頭來挽著我的手。

「老王真有意思。」她故意找話和我說。

「老王對我太好，我真不知道怎樣感激他？」我說。

「他當初對我那個樣子，我又怕他又恨他。」她笑著說。

「其實老王真是一個好人，就是不能摸倒毛。」

她沒有接腔，抬頭望望遠山，遠山也是一片蕭條。

「月仙姐姐有信來沒有？」她輕輕地問我。

我惆悵地搖搖頭。

「老王說恐怕她脫不了身。」

「當然不很容易。」

「要是她真不能回來，你怎麼辦？」

「一直等下去。」

「你怎麼這樣癡心？」

「我想不出更好的法子。」

「你不怕寂寞？」

「有老王陪我。」

「老王不能陪你一輩子。」

「人無前後眼，以後的事誰能料到？」

「你自己也不想想？」

「我現在還想不到那麼遠。」

「我常常會想到以後的事。」

「妳的情形和我不同。」

她望了我一眼，低下頭輕輕地歎口氣。

走到交蘆橋，我們在橋上小立了一會兒。她和我一般高，穿著旗袍身體更顯得豐滿，比素雯的曲線還好。

我只和她談山談水，盡量避免談我自己，但是她對山水毫無興趣，終於忍不住說：

「你不要盡和我扯野話，你明白不明白我的意思？」

我望了她一眼，故意搖搖頭。

「你何必要我說出來？你們中國女人是不作興說那個字的！」她盯著我說。

「馬蘭，妳不必說了，」我生怕她說出來，連忙阻止：「《紅樓夢》妳看完沒有？」

「看完了。」她點點頭。

「妳記不記得賈寶玉講過兩句話？」

「他講的瘋話太多，我知道是那兩句？」她故意裝傻。

「任憑弱水三千，我只取其一瓢而飲。妳懂得這兩句話的意思嗎？」

她睜著一對綠眼珠兒望了我半天，突然眼圈一紅，滾出兩顆熱淚，從面頰滾到胸前。隨即雙手蒙臉，伏在石墩上哭泣起來。

第三十八章　怕傷紅粉留空話　遁入深山雪正飄

我不能在心園再住下去，又不願下山，黃龍寺本來可住，但馬蘭去過，難保她不去找我。太乙莊較遠，她又不知道那個地方，因此我決定去同顏先生商量借住，他有茅屋三間，照理可以借我一榻之地。

我和馬蘭單獨散步的情形並沒有和老王談起，他心裏有點自得，表面也很高興，我瞭解他的苦心，所以去太乙莊我也不對他說，只裝作散步一般離開心園。

我有很久的時間沒有到太乙莊，那次和顏先生在黃龍寺相遇之後就沒有再見到他，顏太太自然更久了。

他們兩人看見我真是又喜又驚，顏先生拉著我的手說：

「老弟，你清瘦了很多，莫非有什麼不大如意的事情？」

顏太太打量了我兩眼，輕輕地問：

「月仙呢?她怎麼沒有來?」

我把經過的情形告訴他們，顏先生重重地歎口氣，顏太太眼圈一紅，搖搖頭說：

「想不到!真想不到!原先我認定你們是緣訂三生，必然天長地久，豈知好事多磨，半路觸礁!」

「老弟，現在你打算怎樣?」顏先生關心地問我。

「留在山上。」我說。

「一個人孤孤單單，留在山上日子很不好過。」顏太太說。

隨後我又把馬蘭的事告訴他們，同時說明來意，顏先生望著我沉吟了一會兒，然後豪爽地說：

「你來得正好，後天我就要下山，我正愁太乙莊找不到好主兒，既然老弟有此需要，我奉送好了。」

「那怎麼可以?」我不知道是怎麼一回事?同時我一個人也用不著三間房子。

「三間破茅屋，有什麼了不起?」顏先生哈哈一笑：「老弟，我不妨坦白告訴你，我在山上隱了幾年，年年有朋友拖我出山，我都謝絕了，這次實在推不掉，老太婆又吵著要抱孫兒，我也拗她不過，只好告別青山，再墮紅塵。」

我哦了一聲，若有所失，要是和他們住在一起，我不僅可以減少寂寞，也可以得到不少照顧，原先我以為他說下山只是玩玩，頂多十天半月就會上來的。想不到他不是下山，而是「出山」。不過他把太乙莊送給我，我也很高興。本來我就有隱居的想法，如果月仙未走，我認為這是最理想的地方，現在月仙雖然不在山上，我也喜歡這個地方，因為月仙曾到這裏來過幾次，而且我們在這裏住過一夜，這是我們在山上最值得追憶的一個地方。

「何先生，太乙莊交給你是最理想不過的了，只是這裏太寂寞，你一個人怎麼過？」顏太太說。

「是呀！我還沒有想到這一層，」顏先生把手一拍，又望著我說：「老弟，不是我潑你的冷水，一個人在太乙莊是住不下去的，尤其是冬天，簡直像住在南北極，那份寂寞你是受不了的。」

「我既然決心留在山上，就準備忍受這份寂寞。」我說。

「老弟，你又何必這樣自苦？」顏先生望著我說。

「我要保存這份記憶。」

「本來月仙也太值得人懷念了，何況是你？」顏太太對我說：「只是這裏實在太寂寞，如果我早知道你會來住，我就留幾隻雞給你作伴，現在統統修了他的五臟廟了。」

「老弟，我看你還是和我一道下山吧？」顏先生說：「我保險替你謀個一官半職。」

「顏先生，謝謝你，我是辭了工作和月仙上山的，我不在乎一官半職。」

「當然，當然，你老弟別有深意，」顏先生臉上堆笑：「可是她現在不在山上，你一個人單吊總不是辦法？」

「是呀！」顏太太馬上接嘴：「你這樣等又等到何年何月？」

「顏太太，春蠶到死絲方盡，蠟炬成灰淚始乾。」

「老弟，你正當盛年，何必為情所累？」

「顏先生，假如你是我，又當如何？」我反問他。

他完全沒有想到我會這樣問他，馬上怔住了。過了半天，才抓抓頭皮，望著顏太太一笑，顏太太調侃地說：

「哼！要是他呀，早就愛上那個俄國姑娘了。」

「太太，妳別冤我好不好？」顏先生摸著後腦殼苦笑。「我們老夫老妻的！」

顏太太嗤的一笑，我也不禁失笑。

「何先生，站在月仙的立場，我完全贊成你這樣作。」顏太太對我說：「人生得一知己，死而無憾，何況你們是異性知己。不過，要是站在你的立場呢，我就不敢妄作主張了。」

「顏太太，今天我到太乙莊來，是早有決定，要下山我也早和朋友一道下山了。」我說。

「何先生，既然這樣，我真替月仙高興了。」顏太太欣慰地說。

「到底女人同情女人。」顏先生奇怪地望了她一眼。

「月仙實在太可愛，可惜我沒有正式收她作乾女兒。」顏太太惋惜地說。

「我們那有這份福氣喲！」顏先生打了一個哈哈。

隨後他們就和我談到下山的事情，他們決定從山南走，我說要來送行，他們不肯，顏先生將那把鎖門的舊式鑰匙交給我，風趣地說：

「其實我這把鎖也是聾子的耳朵，擺擺樣子。好在三間破茅屋，鬼也不上門。我們下山以後，你愛那天搬來就那天搬來，從現在起，你就是太乙莊的主人了。」

「可惜我沒有你們的福氣。」

「賢弟，不要灰心，如果月仙回來了，我也要羨慕你。」顏先生拍拍我的肩膀說。

顏太太要留我吃飯，我的胃口還不大好，謝了。她又一晃一晃地和顏先生一道把我送到亭邊，安慰我說：

「何先生，你寬心點，月仙看來弱不禁風，可是心比鐵石堅，說不定老天見憐，遲早會成全你們這對地行仙。」

顏太太真是瞭解月仙的人，她的話也給了我不少安慰。

回到心園以後，我才把去太乙莊的動機和經過情形原原本本地告訴老王，老王怔怔地望著我，過了好半天才深深地歎口氣，埋怨我說：

「何先生，您病剛好，為什麼要搬到太乙莊去住？如果再有三病兩痛，誰給您倒茶倒水？」

「老王，我已經傷了馬蘭的心，我不能再住心園。」

「何先生，這就是您的不對了！馬蘭對您也是一片真心。」

「老王，我很抱歉，我只有一顆心。」

老王重重地歎口氣，隨後又問我：

「那您對馬蘭又怎樣交代？」

「我會留信給她，只要你替我保守祕密。」

「何先生，那我會爛腸子的！」

「老王，我又不是要你做壞事，怎麼會爛腸子？」

「好吧！」老王望了我一會兒，終於把牙一咬：「我說了為了你，火坑我也會跳。」

老王對我的這份義氣，我實在無話可說。對馬蘭我也有一份歉意。我希望在去太乙莊之前，不要再碰見她，因此我連窗口也不敢停留。

這兩天馬蘭也沒有到心園來，她心裏一定非常難過。在離開心園之前，我特別希望能收到月仙的信，可是這天我直等到天黑，又完全失望。本來我想寫封信告訴她我搬到太乙莊，但是上次我覆了一封信給她，迄今仍如石沉大海，我知道寫也無益，徒然增加她的困擾。

人仰下山後寫了好幾封信給我，我一直未覆，現在我要離開心園，必須先覆他一封信。我先告訴他們病癒的消息，本來老王已經打過電報給他，但是語焉不詳，在信裏我寫得比較詳細。隨後我又告訴他為什麼要離開心園。

為了要留封信給馬蘭，我考慮了很久都不知道如何下筆？我心裏一有歉意，就不能理直氣壯。我寫了好幾次，也撕了好幾次，最後才留下這份「定稿」：

馬蘭：

病中承妳照顧，盛情雅意，一生難忘。

妳好幾次問我月仙有沒有信來？現在我告訴妳一個好消息，剛才我接到她一封航空快信，她已經從東京動身，一星期內可抵上海，我決定明天清晨下山，到上海去接她。山上馬上就要下雪，她怕冷，今年不會上山，明年夏天再來。

我想妳一定很高興聽到這個消息，晚上我不便來打擾妳，明天天一亮我就要趕下山，我迫不及待，那時妳還沒有起床，所以先留這封信給妳。詳情可問老王。如果我買到《女兒經》，一定先寄給妳。

何夢華留筆

我看了幾遍之後，又把老王叫來，要他先看看，他不認識的字我告訴他，意思他完全明白，我之所以這樣做，就是為了怕老王露出馬腳。

「何先生，您這不但欺騙了馬蘭，也欺騙了您自己。」老王看了兩遍之後，突然抬起頭來望著我說。

「老王，我考慮了很久，只好這麼作，讓天雷打我吧！」

老王望著我目不轉睛，過了半天才歎出一口氣，這口氣好像悶了一千年。

「老王，你千萬要保守祕密，不能洩露半點消息。」我知道老王是一個實心人，要他扯謊是一件難事，因此又鄭重叮囑他。

「何先生，」老王愁眉苦臉地望著我：「如果我洩露了天機，我嘴上長疔；如果我悶在肚子裏，我又會爛腸子！」

「老王，你不能腳踏兩邊船，你到底打算怎樣？」我耽心地問他。

老王望了我半天，話在喉嚨裏打轉，最後把牙一咬，吞了一口口水，大聲地說：

「何先生，為了你，我就爛腸子吧！」

我握著他的手，不知道說什麼好？

因為太乙莊是茅屋，門戶不緊，月仙的箱子衣物我不敢帶去，留在心園，請老王好好保管。我只帶走了她的畫和梳子、鏡子之類的雜物。桌上的書我也沒有全部帶走，怕馬蘭看了生疑。

老王替我把行李捆好，又把那兩隻雞連籠子一起提了過來，掛在扁擔頭上。

「老王，我多少心愛的東西都沒有帶，你為什麼要帶兩隻雞？」我奇怪地問他。

「您不要以為我老王發瘋，」老王抬頭望著我，面孔嚴肅得很：「太乙莊更不比心園，以後的日子夠您受的，我帶這兩隻雞去，一來是給您作個伴兒，二來是牠們成雙成對，給您討個好兆頭。」

我不敢看他，我把頭偏到一邊，我極力忍住眼淚。

陰曆十月天氣，山上冬意已經很濃，白天彤雲密佈，陽光像個花花公子，東遊西蕩，浮而不實。入夜北風怒號，像個潑婦，樹枝吹得噓噓叫，像夜行人吹著口哨。

老王挑著我的行李和那兩隻雞，我提著零星東西，趁著黑夜，悄悄地走出心園。摸索了一里多路，才敢亮亮手電。

一路朔風怒號，夜色如墨，氣息咻咻，我心情沉重，彼此未發一語。

走到太乙莊草亭附近，就聽見太乙莊後面那排高大的松樹響起呼嘯的松濤，如群鬼追逐呼號，我不禁毛骨悚然。

打開太乙莊的門，我捻著手電一照，一切都如顏先生夫婦在時一樣，桌椅板凳，鍋碗雜物，一樣不少，而且乾乾淨淨。我走到他們房裏一看，床鋪是好好的，只帶走了箱子鋪蓋，桌上還放著一盞美孚油燈，燈罩也擦得乾乾淨淨，我提起油燈一晃，裏面的油也是滿滿的。我再打開抽屜一看，裏面放了一封信，是顏先生留給我的，我用手電照著看：

夢華賢棣：

僕夫婦以半百之年，入山隱居數年，閉門讀書，遺世絕俗。不期有幸邂逅賢棣與月仙女士，引為忘年知己。僕夫婦正自竊喜天亦有情，良緣夙定，未料造物弄人，徒令賢棣傷心。僕本欲挈弟赴京，倚為股肱，惟賢棣至性，不敢強求。

莊中過冬所需，均已齊備，毋須勞心。山風多厲，雪重冰封，望自珍攝，萬勿自棄。

黑犬蓄養數年，情深義重，本應贈弟作伴，以解岑寂；無奈嗥嗥不肯相離，只好攜走，勿罪是幸。

信看完我已淚涔涔而下。我把手電捻熄，扶著桌沿，像一截木頭一樣站在黑暗中。老王打著手電進來，他看我獨自靜立，埋怨地發問：

「何先生，您怎麼一個人站在這裏發呆？將來日子長得很，我真替您著急！」

他一面說一面走到我的身邊，摸出隨身的火柴，把油燈點亮。

燈光強過手電，一室通明。老王替我把被子鋪好之後，在我對面一坐，沉著臉說：

「何先生，我一切都依您了，現在您人在太乙莊，我老王不能不說幾句話。」

「老王，你說吧。」老王對我太好，我準備洗耳恭聽。

「月仙小姐固然是天上的仙子，人間的鳳凰，但是事已至此，又有甚麼辦法？馬蘭姑娘不比一般洋婆子，人也不錯，她早就對您有意，我老王也想移花接木，怎麼您的心像五老峰的石頭？」

「老王，不要再提這件事了！」我心煩意亂，不想再聽。

「何先生，你不是十八歲，古話說：女子二十而嫁，男子三十而娶，不孝有三，無後為大。您和東家的年齡不相上下，他早就結了婚，您還是在這裏單吊，還不知道要吊到什麼時候？這怎麼成？」

「老王，你太古板了。」我不願聽他那一套。

「我古板？」老王用食指指著自己的鼻子：「我老王要真是食古不化，我也不會贊成馬蘭姑娘同您……」

他講不下去，我卻有點生氣，反問他一句：

「同我怎樣？」

他尷尬地一笑，頸子一伸一縮，像一隻嘴裏銜著魚又吞不下去的鸕鶿，過了一會兒才說：

「何先生，我實在是為您著想，早生兒女早享福，您現在已經遲了。」

「老王，我不是機器，你不懂！」我心裏難過的很，沒有好氣地說。

「何先生，您不是機器，您以為我老王是個木頭，真不懂您這些事？」老王也有點不快，盯著我問。

我沒有作聲，我不願講話。老王卻自言自語起來：

「您不要以為我老王是個天生的光棍，沒有親過女人。告訴你，我年輕的時候也有一個心上人！」

這倒真出乎我的意外，當初他對馬蘭那種態度，我真以為他是老古板，不解風情。他看我驚奇地望著他，又自言自語講下去：

「她雖然不像月仙小姐那麼金枝玉葉兒的，可也長得像一朵水仙花兒，不是我老王自誇，真的勝過那月份牌上的美女。」

「老王，真有這回事？」我忘記了自己的愁苦，反而關心起他來。

「何先生，我還會亂嚼舌根？」

「後來怎樣？」

「還不是被夜貓子拖去了！」他望著我，停了一會兒再說：「不過她性子烈得很，一根褲腰帶兒就了結一生。」

老王的眼圈有點發紅，停了一會兒我才問他：

「你們是怎麼認識的？」

「我們本來是師兄妹，同練靶子同賣藝，只因師父貪財畏勢，硬把我們拆散。我一氣逃出師門，闖蕩江湖，這才被老東家看中，收留下來。所以您們兩位一上山，我老王就想起前塵往事，希望您們兩位天長地久，我暗地裏不知道為您們兩位唸過多少遍觀世音菩薩，阿彌陀佛……」

「老王，不要再講了！」我向他擺擺手，心裏在隱隱作痛。

「早年我也像您現在一樣死心眼兒，」老王不理我的話，繼續講下去：「多少送上門的機會我都擋掉，到頭來卻成了現在這個無花無葉的老光棍！真是思前思後，兩淚不乾。我對您一片真心好意，您還以為我不懂您的心事，這，這，這教我怎麼說好？」

外面北風呼呼，松濤如群鬼夜哭。老王黯然起身告辭，我留他和我同榻，他卻調侃地說：

「您既然不怕孤寂，我也不必和您作伴了。」

「外面月黑風高，你一個人怎麼好回去？」

「我一個人獨來獨往慣了，老光棍一條，還怕老虎吃掉？」

老王的話使我啼笑皆非，我只好拿起手電，送他出去。

一出大門，我的長袍下襬就被北風吹得飄了起來，臉上也被什麼東西擸了幾下，但是不痛。

老王卻輕輕地罵了兩聲：

「該死的天，下雪了！」

我把老王送到草亭旁邊，他伸開雙手把我一攔，低沉地說：

「外面風大雪大，您快點回去。我情願嘴上生疔，不情願爛腸子！」

起先我沒有領會他話中的意思，沒有作聲，後來突然明白過來，立刻趕上兩步，大聲地對他說：

「老王，你不要多事，我情願死在太乙莊！」

風聲呼呼，雪花飛舞，我病後體虛，心一慌，兩腳一軟，一跤摔倒在草亭旁邊。……

民國八十九年（二〇〇〇）三月十七日定稿於紅塵寄廬

小說家朱夜（左一）移民巴拉圭多年後，返台北探望墨人夫婦合影，後歿於巴拉圭。

1978年8月26日墨人夫婦（前排右）與高育仁夫婦（中）在為墨人親家公蘇先生與墨人次孫修齡，後排右二、三為國大代表作家后希鎧、沈慧芬夫婦、袁睽九（應未遲）夫婦等文友合影

1990 年 5 月墨人博士（右一）應大陸黃河文化實業公司邀請作四十天的「大陸文學之旅」在北京與時年九十高齡的作家冰心（右二）及詩人雁翼（左二）、雪冬（左）合影。冰心手中書籍為大陸版《紅塵》。

詩人王祿松（左）與香港詩人藍海文（右）在墨人書房（中坐者）合影

墨人（左二）出席第三次文藝會談與袁睽九（應未遲左一）夏鐵肩、涂靜怡、吳詠九（宋瑞）汪洋萍合影。

墨人（前排右一）與「抗日戰爭」初期在重慶中央訓練團新聞研究班一、二期同學在台北聚會合影。大多在新聞界工作。以在中央日報者較多，如邵德潤（聞見思）（中）張煦本（左二）自立晚報副社長兼總編輯（左二）郭衣洞柏揚即其屬下」墨人則為唯一以文學創作為終身志業者。且老而彌堅，九十多歲仍繼續寫作。

1992 年 1 月 2 日墨人博士應邀出席美國中文新聞通訊電視台記者協會講演，墨人是由新聞記者轉為文學創作的，乃以「新聞與文學」為題，提出他兩全其美的看法。（右起第五位為墨人博士）

墨人在四川、重慶、沙坪壩中央訓練團新聞研究班第一期同學詩人覃子豪墓園石像後（右一）與詩人蓉子等祭弔後合影。1983.10.29

沈恩攝影

談墨人代表作《白雪青山》與《紅塵》

——隔海問答錄

陳忠問
墨人答

問一：墨人先生，您在〈作家的生死榮辱〉一文中寫道：「文學創作是一種精神活動，個人思想情感的發洩，作品完成了就了卻一樁心願。」在《白雪青山》三版自序中，您又寫道：「我在廬山整整住了三年，深深體會到廬山的四季之美，這是別人少有的經驗。尤其是秋天的深山紅葉，清風明月；冬天的大雪封山，『千山鳥飛絕，萬徑人蹤滅』的空山寂寂，歷代詩人也沒有見過寫過；春天的鶯飛花放，千山響杜鵑，新筍一夜暴長一尺，蛙鼓頻頻……自然不在話下。我在《白雪青山》內都將這種境界和男女主角的感情融為一體，一道昇華了。」您在《花甲雲中過》中還說：「我到達三聖宮時還未開門，……今天卻是雲霧迷漫，樹木青翠欲滴、滿山雲樹，一片淒迷。雲霧穿帘入戶，在身邊飛來飛去，我彷彿又回到四五十年前，身在廬山情景。那段山中歲月美景，令我終身難忘，使我更愛看雲樹，愛看雲霧自腳邊昇起，從指縫間溜去，抓也抓不著，追也追不到，忽焉在前，忽焉在後，那三年的神仙歲月，使我寫下了長篇小說《白雪青山》。遙念故鄉，只有在今天這種雲樹淒迷中，重溫舊夢。」請問：《白雪青山》創作的真實動機何在？

是了卻您一樁什麼心願——山戀、鄉戀，或是青少年時的一段情戀呢？您為此孕育了多長時間和作了哪些精心的創作準備？寫作過程是否順利？是否遇到困難與障礙？

墨人答：《白雪青山》是我四十二歲時的作品。我對故鄉的山水念念不忘，尤以廬山、甘棠湖、南門湖，伴我度過童年、少年歲月，鄉情感情特深。抗日戰爭初期——一九三八年，我即如喪家之犬，倉惶離開故鄉，去武漢投筆從戎抗日。勝利時還鄉，未遑寧處，本欲效陶淵明躬耕南畝，「採菊東籬下，悠然見南山」；但天不從人願，造化弄人，使我不能成為今之陶淵明。我寫《白雪青山》時已離故鄉二十四年。（第一次一別七年，第二次十七、八年，音信不通，更不敢問死生。）故鄉山水，魂牽夢縈。這是我寫《白雪青山》的動機之一。

第二個原因是我對人性、獸性自有區分，「情」與「欲」涇渭分明。中國現代小說受西方影響太深，寫愛情必然離不開「吻」，離不開「性」、「赤裸裸」才能暢銷，才能揚名。有的作者甚至以亂倫手法挑逗讀者，為達到名利雙收目的，不擇手段。我則以為一部好的文學作品不必利用人類的原始本能；一位有文學良心和高尚情操的作家，應有更高明的手法刻劃人性，區別獸性。而我以廬山的「清風明月」、「大雪封山」、「千山響杜鵑」、「蛙鼓頻頻」……的自然美的襯托，寫一對深情款款的戀人的山中歲月。沒有一個「吻」字，深情自在其中，使人性、愛情自然昇華。提高人的思想情操，提升文學價值，是我的創作心願，也是「動機」、「動力」。

不但《白雪青山》如此，《紅塵》中的龍天行和表妹楊文珍、丫環香君、未正名妻川端美子，情深似海，也沒有用「吻」來表現他們的愛情，而愛情自在其中。《紅塵》前九十二章手稿一百二十萬字，在臺灣《新生報》連載了一千零三十七天。作家龔聲濤先生每天必看，他還當面問我：「川端美子是不是你的戀人？」我笑著告訴他那時我還沒有出生呢？後來《紅塵》出版，舉行《紅塵》學術研討會，他發表了一篇〈紅塵四大特色〉的論文（見《紅塵》再版附錄），見解卓越，要言不繁。我要特別告訴讀者和陳忠教授：川端美子不但不是我的日本戀人，更不是我寫《紅塵》的動機。

同理，《白雪青山》也不是我的戀愛故事。如果讀者看起來不像我的戀愛故事，甚至與我「完全無關」，那就是我的思想情感沒有完全投入，那就是我的失敗。幸好我的心血沒有白費。（但我寫作順利，沒有任何困難障礙。）前年一位住在板橋、素昧平生的女讀者，她在遊過廬山之後，特別寫了一封信告訴我，說她是當年看過《白雪青山》，才按圖索驥去遊廬山的。去年（一九九八年）十月二十七日的臺北市《民生報》刊出一篇〈書的啟示〉：尹啟銘看《白雪青山》嚮往空靈脫俗的意境。尹啟銘何許人也？他是現任經濟部次長，一位念交通大學時主修計算機控制工程的專家。他對訪問他的許昌平先生說，他讀過很多文學名著，包括《劍河倒影》、《未央歌》、《三國演義》……不過，如果一定要選出一本書，尹啟銘選擇墨人的《白雪青山》。他說，他從小就是看《中華日報．副刊》連載的《白雪青山》長大的，到如今他對書中描寫男女主角大雪中私奔到廬山，躲在山中別莊，與儒、釋、道、傳教士等流交往，那種大雪封山、天地蒼茫、各家思想交錯、空靈脫俗的感覺，記憶猶新，且很嚮往那種意境。」

《白雪青山》是在《中華日報》副刊版連載完畢之後，於一九六四年八月初版的。一九七二年七月，臺灣中華書局編入五大本《墨人自選集》出版。一九八九年一月，臺北市大地出版社出第三版。一九九五年十月，北京京華出版社出第四版（大陸版），一九九七年八月，京華出版社再版（第五版）。現在的所謂文藝書籍多是隨看隨丟的，三十五年前的拙作《白雪青山》，到現在還有人「記憶猶新」，那絕不是靠「接吻」和「性行為」這種招式的。我是一個笨人，毫無商業頭腦，只是本著文學良心，全心投入作品。寫《紅塵》更差點賠上老命，現在還留下「耳鳴」後遺症，「飛蚊症」倒是我吃枸杞子治好了，「耳鳴」毫無辦法，它已經困擾痛苦了我十年。這就是我寫作六十年的「成就」。（墨人註：耳鳴到二〇〇三年雖已八年多依然如故）

問二：記得有篇〈為墨人喝彩〉的短評中指出，墨人創作的一大特色是「反映時代且嚮導時代」。我曾閱讀了《墨人自選集》（五卷本）中的四部長篇《靈姑》、《鳳凰谷》、《江水悠悠》和心血鉅著《紅塵》等後，也有相類似的體驗。然而，閱讀其中的另一部長篇《白雪青山》後卻感到意外，強烈的時代感當然不能說完全沒有，僅蜻蜓點水，一兩句交代，背景材料點到即止，淡化到極弱的程度。請問：文學作品的時代感是強化好，還是弱化好？文學創作「反映時代」，這合乎情理，容易理解；文學創作「嚮導時代」，是否過「度」了，且難以達到？

墨人答：文學作品的什麼「感」，決定於文學主題，不是千篇一律。「感」是讀者的感覺。「反映時代」或「嚮導時代」是作者的思想意識。這與主題大有關係。以拙作《白雪青山》和以版面計近兩百萬字的大長篇《紅塵》來說，兩者主題不同。書名《白雪青山》主題就是以天下名山廬山配合清風明月般的愛情，提升人類的思想情操，創造一個形而上的愛情典型。抗日戰爭前夕的那個「時代」，只是一個「引子」，不必強化。男女主角「山中歲月」的感情生活才是主體，因此本末不可以倒置。

《紅塵》則不然，它是一部上承五千年歷史文化，集中描寫中華民族近一百年來的浩劫苦難的大長篇。所以，廣州暨南大學教授潘亞暾先生評論《紅塵》的大作〈凌雲健筆意縱橫〉的副標題是「民族浩劫的偉大史詩」。這個時代感是很強的，不僅「反映時代」，而且「嚮導時代」。因為自九十三章至一百二十章，其結局就是暗示中華民族應該走的路向。不僅如此，而且由人生觀導向宇宙觀，因為《紅塵》的思想涵蓋儒、釋、道三家。《紅塵》是以龍家五代人的悲歡離合遭遇反映那個百年來的「大時代」，你、我、他都在其中，而且是上下五千年、縱橫千萬里，多民族、跨國際的。但書中一百多個人物多是我自己創造的，尤其是主要人物龍天行、楊文珍、香君、川端美子、龍老夫人、蝶仙……等等，更是左雕右琢而成，所以我差點送掉老命。雖然一二人物有所影射，那也是因為「時代」的需要。《紅塵》是立體的，也是廣角的，是愛情故事，也是民族「史詩」。我是其中之一，且以整個生命投入。有人說它像《紅樓夢》，但潘亞暾教授則說：「我頗不敢附和。」而且他說：「墨人史識遠超曹雪芹，視野廣於曹雪芹，關懷民族命運更非曹氏所能比。……墨人早生二百年，也未必會寫出《紅樓夢》；曹雪芹晚生二百年，就肯定寫不出《紅塵》。」

《白雪青山》是我四十二歲時的代表作，《紅塵》是我七十二歲時完成的代表作。《紅塵》在字數方面比《紅樓夢》、《戰爭與和平》多數十萬字。《紅塵》在我有生之年未必能出（全本）大陸版，十四三億同胞未必能看到，但我深信我百年之後，還會有人要看《紅塵》的。因為《紅塵》不僅有愛情故事，更有文學的時代感，而又不限於我們這個「時代」，更不限於「人生觀」，而已先進入「宇宙觀」。

問三：《白雪青山》與《紅塵》等諸多小說一樣，充分展現了您的執著的文學觀——「全部是以中國文化為中心」。您經常告誡年輕人：「要先把自己培養成中國人，再成為中國的文化人，這樣才能寫出屬於中國的東西。」您的人生理論與創作實踐已經取得了巨大的成效，贏得了海內外眾多人士的認同。可是，您又感歎：「我在大陸被視為『臺灣作家』，我在臺灣更被視為老牌大陸作家，我的作品又全部是以中國文化為中心，是最不識時務，最不合潮流的。[redacted]」請問：您是準備「識時務」而放棄「中國文化」呢，還是堅守「中國文化」而拒絕「時務」呢？抑或能找到第三條道路而「兩全其美」呢？

墨人答：我五十歲以前是孔孟之徒，五十歲以後以老子為師，七十歲以後佛道雙修。八十歲我寫了一篇短文〈八十為無為〉，發表後會寄給您。我早已建立好我自己的人生觀與宇宙觀。不然，我寫不出《白雪青山》、《紅塵》，更寫不出《娑婆世界》。我的內心世界早已不限於這個物質世界，正逐漸「無有恐怖，遠離顛倒夢想」，終將進入「究竟涅盤」。迷時法華轉，悟時轉法華。我一輩子追求的是「自由自在」。

問四：《白雪青山》不同於《靈姑》、《鳳凰谷》、《江水悠悠》和《紅塵》等長篇小說，是最缺乏驚險、傳奇故事性的作品。全書三十八章，幾乎全是平淡、平靜、平實的日常真實生活

「原汁原味」的寫照。請問：是否可以把《白雪青山》稱之為「散文小說」或「詩性小說」？一部缺乏濃烈故事情節的小說，怎樣把它寫得迷人、耐讀呢？

墨人答：散文是散文，小說是小說。散文不能成為小說，好小說則可以視為最好的散文，也可以視之為「史詩」、「抒情詩」。小說創作層次遠在散文、詩之上，寫作手法更為繁複，巧心獨運之處更多。最好最高的小說不以驚險、傳奇故事吸引讀者，更不以「吻」、以「性」挑逗讀者。《紅樓夢》亦是「平實的日常真實生活『原汁原味』的寫照」。這才是大文學家的大手筆。「一部缺乏濃烈故事情節的小說」，怎樣把它寫得「迷人」、「耐讀」，需要大學問和豐富的人生經驗，非三言兩語能盡，在大學文學系教授四年也未必能培植出一位傑出的小說家來。拙作《紅樓夢的寫作技巧》和我修訂批註的《張本紅樓夢》，讀者如能細心閱讀，不難獲得個中三味。

問五：《白雪青山》的敘述語言、描繪語言和人物語言都十分簡練優美、詼諧幽默，富有個性化。尤其是大眾化的表述方式和獨特的幽默感，充滿著溫厚善意的睿智，有時還顯出一種喜劇效果。請問：您是怎樣注重向民間口頭語言、古代書面語言、詩詞曲賦語言學習，並探尋自己的語言風采的？

墨人答：小說是文字藝術更是語言藝術。小說家如果不會運用語言，註定失敗。語言應從日常生活中和先人諺語中吸收；作家也可以自己創造，但創造小說語言也必須從日常生活入手。中國人洋腔洋調不行，地球人講外星人的語言也不切實際。「什麼人說什麼話」最好，可以直扣人心。小說家需要更大的學問，更多的知識，更高的智慧，更好的文學修養，否則很難成為「大家」。曹雪芹如果不會詩、詞、曲、賦，怎麼能寫出《紅樓夢》來？三十年代的作家，除魯迅、郭沫若少數幾位能寫絕律詩外，其他並不多見，但他們幾位也並未寫出與《紅樓夢》等量齊觀的偉大作品來。除個人氣質外，他們並不深通儒、釋、道三家思想。因此，在文學的思想境界方面就提不上來。文學作品如果止於現象的表達就很有限。

問六：我們知道，世界上的宗教大多存在排他性。在歐美人的觀念中，猶太教與基督教之間隔著一條鴻溝；在印度人的觀念中，回教與印度教也水火難容；羅馬天主教和希臘正教的排他性也舉世公認；在中國人眼中，佛教與道教是兩股道上的車；還有伊斯蘭教與耶穌教、猶太教之間也經常發生衝突。然而，令人驚奇的是在《白雪青山》中，信奉儒釋道的何夢華、顏太乙，與虔誠的基督教的徐人仰夫婦、馬林斯基父女，與黃龍寺住持慧真法師（佛教）、慈航寺的小尼姑守貞（道教）等人之間，不僅相安無事，簡直親如一家。請問：這是一種主觀的理想呢，還是一種客觀的現實？倘若這是一種現實存在，那麼，又是什麼力量、什麼原因促使他們消釋排他性、超越宗教教義的偏見，以達到「天下大同」的境界？

墨人答：世界上任何宗教都不能與儒、釋、道相比。因為這三家思想沒有排他性。儒家講忠恕、中庸，講民胞物與；釋家講大慈大悲，眾生平等，無分別心；道家講和光同塵、陰陽調和，有無相生和相對論。釋道兩家的宇宙觀更不謀而合。佛教傳入中國後，不但未引起宗教戰爭，禪宗更吸收了老子的「無為」思想與相對論，使禪宗更發揚光大，至六祖惠能更登峰造極。反觀基督教與回教的衝突，結怨日深，最近的中東戰爭。美英不斷進攻伊拉克，基本上是宗教戰爭。庚子年的八國聯軍更是以基督教作先驅的侵略戰爭，基督教的排他性培養了西方的帝國主義思想。所以我寫《紅塵》不是無緣無故的。我寫《白雪青山》就是以儒、釋、道三家思想的包容性，化解宗教衝突，化解人性的偏私、固執，而造成「圓融」境界。如擴而充之，則「天下大同」才有希望。天下本無事，庸人自擾之也。

問七：墨人先生，您的文友金劍君評論說：「《白雪青山》該屬於一部寫實的作品，在表現的手法上是間接而不是直接的，是影射而不是披露，是側面而不是正面的。尤其值得提出論列的，是該書溶合了儒釋道與基督教等教義宗旨的相互激盪衝突，並藉著各教的代表人物，作彼此間的調和與疏導，以維繫人類的生活互助與情感，共同創造一個完美的人生和永恒的生命。因此，墨人寫《白雪青山》異常的吃力，當然在整個題材的處理上，並未能達到預期的理想與境界。」對於這一批評，您有何看法？回顧四十多年前您成功創作這部心力之作的同時，是否也會留下某種遺憾？

墨人答：宗教問題見前題解釋，不再重複。

我要說的是我寫《白雪青山》一點也不吃力，而且是順流而下，正如李白的詩「兩岸猿聲啼不住，輕舟已過萬重山」。何以如此？因為我自幼熟讀四書，包括《詩經》、《左傳》都能整本地背。我又出身佛教家庭，再加上我有三、四年在廬山的生活體驗，我以廬山作寫作小說背景，正是因為處理整個題材的駕輕就熟。《白雪青山》的完成，我毫無遺憾，甚至超過我的預期。因為《白雪青山》不但得到讀者的認同、肯定，也建立了我自己的小說風格。事隔五十多年，還有一位女讀者按圖索驥，千里迢迢去遊廬山；還有計算機控制工程專家「記憶猶新」，且「很嚮往那種意境」。我還有什麼奢求？

金劍先生是評論家，[redacted]他的話是揣測之詞。但我尊重任何人的評論，因為小說家的作品本身會說話。讀者也有讀者的看法。我一向只努力將自己的作品寫好，不計其他。作品一出版就是公器，時間一久，自有公論定論，就怕只憑廣告「行銷術」暢銷一時，讀者看後就丟，那才是作者的悲哀。我很有自信，拙作《白雪青山》、《紅塵》的讀者，看後是會回味、思考捨不得丟的。我的其他作品也不是混稿費的。

問八：您的新著《娑婆世界》寫作進展情況怎樣？是否開始在報刊上連載？大致寫怎樣的內容？今年內可望出版否？最近有何其他專著新版與再版？

墨人答：長篇小說《娑婆世界》我構思了六年，一八八九年三月二十八日開筆，十二月十六日脫稿；一九九九年一月十五日定稿。這是一部將佛家經典精義，與我個人的修持心得，化為文學的作品，大多憑思想理念寫作，可運用的材料不多，是比《白雪青山》、《紅塵》難度更高的創作，更大的挑戰，但我還是完成了。我希望以此書達成與有緣人同出火宅、同登彼岸的心願。這是一部從未有人敢於嘗試的文學創作。因為這不僅是宇宙觀的思想境界問題，還有證悟問題。高僧無小說創作經驗，小說家能深入佛家經典又能守戒修持者亦少之又少。我幸有此因緣，得以完成《娑婆世界》。

此書何時才能出版？我無法回答，因為[illegible]寫作操之在我，出版操之在人。長篇[illegible]。臺灣現在發表出版長篇創作是更加困難。所以像我這種年齡的作家，老早就不寫長篇小說了，含飴弄孫，比較盡心血創作自然輕鬆多了。

我前年[illegible]的《墨人詩詞詩話》，去年初完成的《全宋詩尋幽探微》，[illegible]出版；最近[illegible]有什麼書再版。今後[illegible]作一個輕鬆自在的修行人，以詩詞自娛，以[illegible]運動長保健康，我這個老人絕不會成為社會的負擔。我一生「自求多福」，連兒女都不倚靠。這樣才有尊嚴，才會自由自在。

原載九江師專學報一九九九年第二期

民國八十九年（二〇〇〇）三月十七日校正

墨人註：《娑婆世界》、《紅塵》、《白雪青山》三[illegible]如《滾滾長江》（[illegible]）、《[illegible]》）、《春梅小史》、短篇小說集《[illegible]》[illegible]《[illegible]》、文學理論《紅樓夢的寫作技巧》，[illegible]等定本，均[illegible]由「昭明」[illegible]出版。

一代宗師老墨人

畫餅樓主

小說誰堪讀與吟？紅樓夢後有紅塵；（註一）
曹公未竟人成殍，墨老寫完病上身。（註二）
自古聖賢皆寂寞，從來奸佞責靈魂；（註三）
利名都給猢猻輩，慧業千秋孰可倫。（註四）

忘年之交墨人老居士即將八十大壽，又逢來臺整整五十年，同時也是他從事文學創作（新詩和小說）一甲子，「三合一」紀念，可喜可賀。忝為知音，豈可無「禮」；這禮就是文前這首七律。文藝界人士大都曉得墨人，以小說創作為主，並以新詩為副，孰不知此老卻是古典詩詞一大「裏手」（湖南人稱行家曰裏手），祇不過他從未輕易示人；若非機緣成熟，與桐城才女張漱菡和畫餅樓主，三人合組「中華古典詩詞研究所」，極可能不苟流俗的「在家的出家人」（墨老佛道雙修，受「菩薩戒」，可稱得上是「今之古人」），永遠深藏不露下去。

墨老的幾部近作，筆者曾加細讀，諸如長篇小說《紅塵》、《全唐詩尋幽探微》、《全唐宋詞尋幽探微》，以及大陸出版的《張本紅樓夢》，共識之處頗多。尤其他那一百六十萬言的《紅塵》，不但可與曹雪芹的《紅樓夢》媲美，若論宏觀格局，實較《紅樓夢》有以過之。

除了以上幾部外，墨老在七十九歲和八十歲短短兩年時間，又完成兩部新著；一是四、五十萬字的長篇佛道「弘法」小說《娑婆世界》，一是《全宋詩尋幽探微》，我希望出版後先睹為快，而且我也更深信，其中必有意想不到的寶藏（其實老墨人本身，便是一塊「活寶」或「國寶」；祇是中國文學隨國運而歷劫，黃鐘毀棄，瓦缶雷鳴）。

註一：一般文藝小說，祇能看，不能讀，更無法吟而詠之；祇有《紅樓夢》與《紅塵》可以讀，可以吟詠，令人盪氣迴腸！

註二：曹雪芹先生書沒寫完，竟然饑寒交迫，抑鬱而終。墨人先生告訴我，他勉力完成《紅塵》大長篇後，旋即病倒，後遺症耳鳴到現在還經常發作。我告訴墨老，我也有左耳偶鳴之症，但我當作「聽蟬」。他笑著說，也「祇好如此」了！

註三：「自古聖賢皆寂寞」是成語，「從來奸佞貴靈魂」是筆者「創作」的聯語，矛頭指向文化界和文藝界中，一群「頭重腳輕根柢淺，嘴尖皮厚腹中空」的二半調子。

註四：墨人老居士一向採「主動靠邊站」態度，當然這和他佛道雙修有關。不過筆者認為，文學、藝術皆千秋悲業，一時可以不爭，千秋還是要爭的。祇是生祠多歸魏忠賢之輩，自古皆然，於今尤烈！

原載民國八十八年六月十三日,《世界論壇報.世論新語》

編者按:畫餅樓主為一宗教哲學家、精神分析學家、中華古典詩詞研究所副所長,現任《世界論壇報》編輯委員會主任委員,歷任國際聖道學院教授兼研究所所長、拿撒勒神學院碩士班指導教授。

附畫餅樓主一九九九年十月十八日函

墨老道席：

欣聞《娑婆世界》長篇小說即將付梓，可喜可賀。晚不揣譾陋，班門弄斧，敬拈七絕乙首以贈。詩曰：

白雪青山一首詩，紅塵血淚百年濕；
娑婆世界知何似，弦外行間盡法施。

附註：《白雪青山》即您老早期小說之名，非指泛泛的白雪，尋常的青山。《紅塵》大長篇時空上下百餘年，充滿民族血淚，至今血跡未乾。《娑婆世界》因係「弘法」之作，故擷「弦外」、「行間」禪思，以示「空」意。

耑此恭頌

善因深種，善緣廣結

晚 永峥 合十頂禮

一九九九年十月十八日

「墨人註：《婆娑世界》已於一九九九年由台北昭明出版社出版，全書八四六頁，為續《紅塵》之後的又一大長篇。」

《白雪青山》的欣賞

后希鎧

「文學」不是什麼玄妙的東西，也像其他精神產物一樣，必須具備一定的條件，所謂「文學現象」，才能存在。換言之，文學有三要素，就是創作者（Author）、作品（Book）和欣賞者（Reader）。那麼，一位傑出的作家，一本優秀的作品，必須有知音（能欣賞其作品的讀者）。反過來說，讀者的欣賞力，決定於個人的教養、社會的風氣和文化的傳統。因此，作品的高下，似乎又與欣賞者的多寡無關，因為教養有良莠，風氣有轉移，傳統有逆流。所以，在一個沉淪中的社會，鼓勵人心向上的作品，不會受角落中的人們所歡迎；黃色和黑色的作品，為何在社會上流行？那就不言而喻了。

作者、作品和讀者，是在同一興趣，同一理念，同一感念的情況下，結成三位一體。用句老話來說，那麼就是「物以類聚」。因此，我們可以得到一個結論，即不同的作品，有其不同的讀者。但是，在商業上的「自由競爭」之風，滲透寫作界之後，作品已經成了「商品」，作家要獲得商業上的利益，就必須「爭取讀者」（消費者）。假如社會風氣往「飽暖思淫慾」的方向發展，遷就讀者慾念的作品，自然充斥坊間，滿紙荒唐的結果，不過以庸俗迎庸俗，祇會加深人心的沉淪，去那裡找人性的曙光？

但是，任何一個時代，不論古今中外，總會有站在時代前頭的人，所謂眾人皆醉我獨醒，那些被市儈目為「不識時務」的人，常常寫出流傳將來的作品，他們大抵基於某種理念，某種學理，在某種情操的感發下，從事創作；他們忘了自我的眼前利益，也沒有沽名釣譽之心，長期埋頭苦幹，可能在追求一件「不同凡響」的「一家之作」。左拉耗費二十二個年頭（一八七一～一八九三），依據遺傳學的道理去寫《羅貢・麥加爾叢書》，很難看出他有世俗的打算。威爾斯據自然科學和社會學的道理，寫了許多小說，也很難看出他有世俗的打算。就是以描寫性生活最多的勞倫斯來說，誰能說他有世俗的打算呢（爭銷路、賺版稅）？我國的名山之作，如唐宋八家以至桐城諸雄，本來就是文以載道的君子人，不去論它，那般流入市廛的口語文學，如水滸傳、紅樓夢，雖然沒有根據自然科學的道理去創造人物，但卻在生活意識和生活形象中，建立作者的理念（社會觀和人生觀），也很難看出作者有世俗的打算。這就是說，真正有抱負的作家，是不接受「自然競爭」或「作品商品化」的觀念。他信仰的是「自由創作」，但卻不去跟誰「爭」，因為創作無門，創作無止境，「爭」的意義並不存在，除非曹雪芹想做白話文運動的盟主，「爭」的現象才會產生。

中國的傳統文學，不論文言和白話，大體說來，走的都是「眾人皆醉我獨醒」的路線；為稿費、為聲名而撰稿的文人，應該是清末以來的「特產」。那些鴛鴦蝴蝶之作，史故俠行之文，不但足以「療饑」，也許可以致富；所謂文窮而後工，應該看成「文工而後富」了——這是為利的一類，發展至今，已成大家口頭上非常垢病的「黃黑文學」。為名的文學有沒有呢?那些以「中國的莎崗」自任的人，自然是為「名氣」而寫作，那就是中國新文學革命以來的怪現象——這現象的特徵就是庸俗、淺薄和幼稚。

我想，中國文學不論怎樣創新，怎樣變化，中國文學依然是中國文學，它不會變成法國文學，也不會變成英國文學，自然也不會變成俄國文學。有一般缺乏邏輯觀念的朋友，認為文化上的「影響」，就像政治上的「歸化」一樣，所以他們否定了中國傳統文學，卻又用漢字去表現西洋文學的風格，不但俗不可耐，而且一事無成。半個世紀以來，我們找不到「中國文學歸化西洋文學」的「可能性」或「必然性」，留下來的不過是一些笑料而已。我們的前輩常常說，佛教傳播到中國來，對中國文學和藝術，就有很大的影響——這點一點也不錯；但他們（前輩們）卻沒有進一步的說明，其實，不管中國文學和藝術怎樣受佛教的影響，中國文學，還是中國文學；受佛教文化影響以後的中國文學，並不等於印度文學。所以，今天的中國文學，不管怎樣受西洋文學的影響，史實為例，也不會等於西洋文學。因此，不談中國現代文學則已，要談中國現代文學，就不能忽視現代中國人的生活方式、心理狀態和傳統文化的習染。換句話說，祗有能夠表現中國氣質的作品，不論其形式如何，才能算是中國文學。在滿紙「邱比德」、「海勾力士」、「愛琴海」的作品裏，無法找到中國氣質，這種作品雖然用漢文寫成，也不能算中國文學。因此，中國現代文學的「概念」，即可形成。什麼是中國現代文學呢？中國現代文學必須包含現代中國人的生活方式、心理狀態和傳統文化的感染；捨此之外，即不足以談中國現代文學。

墨人先生所寫的《白雪青山》，充滿了思想、山水、人物的情趣，中國人的生活藝術，墨人先生在《白雪青山》裏，表現了他的卓越的才華，把中國人所崇尚的精神生活，藉風景的優美，愛情的純潔，人情的溫暖，表露在字裡行間。任何一個富有中國氣質的讀者，讀過《白雪青山》，都會恍然大悟，說聲「這才是中國現代文學」哩！半個世紀以來，新文藝運動者好像上海灘上的買辦，把自己的利益，建築在外國人的成功之上，對中國風格的培養、成長和完成，就傾其全力，大加阻撓。因此，我們所接觸到的新文學或藝術不過是買辦文學或買辦藝術，牙根裏就沒有一點中國氣質，怎能算是中國現代文學或藝術呢？墨人先生在《白雪青山》裏，集中全力，把中國新文學從買辦文學中拯救出來，用無可磨滅的中國氣質去排除「洋涇濱」氣氛，使中國新小說走在自己的道路上。

我們就用中國傳統的情趣去分析《白雪青山》吧：所謂思想、山水、人性，在《白雪青山》裏，有著優美的意境，也有著新時代的意義。但是，墨人先生的努力，就像上面說過的那些作家，像左拉，像威爾斯，像施耐菴，像曹雪芹諸人一樣，我們看不出墨人先生有一點世俗的打算。十九世紀末和二十世紀初的作家，由於生物學和新心理學的發達，人類的祕密（性）被拆穿了，對暴露性心理和性行為一事，視為當仁不讓，藉此反抗舊時代的「性神祕」和「性無知」。到了今天，「性學」已不再是躲躲藏藏的玩意了，「性神祕」當然不存在了，只有對「性無知」

的人們，黃色作家才有用武之地，那不是一個學術性的問題，而是一個賣弄風情的事實了。所以，在《白雪青山》裏，就免去了這一個俗套，這就增加了我們意念中的思想、山水、人物的完美，書中男主角何夢華和女主角古月仙在廬山的一段生活，就顯出無限的韻味，作為一個現代中國人，要離開塵世，萬萬不能像歐美人士那樣，作一趟走馬燈式的「觀光旅行」，就可滿足，一定要在那「回到自然去」的日子裏，把生活過得藝術一些。《白雪青山》在生活的藝術方面，就給讀者提出了一些啟示，好像人生一世，似乎必須懂得琴棋書畫之樂，才不算冤枉。當然，懂得狩獵、游水、爬山、釣魚等等，未始不是豐富人生的節目；但是，最令人嚮往的，還是一位多情解事的伴侶，芸娘之於沈復（三白）、古月仙之於何夢華，真有「異曲同工」之妙——那就不是「羅馬假期」所能表現的柔腸迴曲了。《白雪青山》給讀者的印象就是一個「美」字，這個「美」字就好像道家的「仙」字一樣，可望而不可及。

二

《白雪青山》好像道家的神仙故事一般，在現實與理想之間，建立了一座橋樑，讓人們在意識世界裏，幻遊仙境。當然，在宗教的意念裏，「仙境」、「西方極樂世界」和「天堂」，似乎是靈魂所居的地方；但在事實上，都是一些理想的樂園，因為「肉身」無法進入「帝鄉」、「西天」和「天堂」，祗好期望於靈魂。但是，墨人先生的「樂園」（《白雪青山》），卻不是空想的烏托邦，任何一個凡胎凡骨之人，祇要深具中國氣質，就可在他的精神生活的領域中，建立《白雪青山》式的樂園。我們用看神仙故事的心境去看《白雪青山》吧，從全書的鳥瞰中，可以得到一個梗概。

《白雪青山》的背景是江西省的廬山，它是中國名山之一，不知多少騷人墨客，曾為廬山揮毫弄墨，這座名山在國人的印象裏，自然是超塵脫俗的勝地；就是一般市井小民，也把「不識廬山真面目」，當作口頭禪了。可見廬山在大家的心目中，不是一座尋常的山。但是，《白雪青山》的作者，倒不是為了廬山的英靈而去歌頌廬山，在我看來，作者墨人先生是把他的「樂園」的構想，借廬山之勝，反映出來。人人都知道，世俗的朋友們是上廬山消夏，墨人先生的男女主角，卻是上廬山過冬，證明墨人先生的小說，志不在廬山之「盛」了。

《白雪青山》的男主角何夢華，帶著女主角古月仙，突然抵達廬山之麓，雖然是大雪天，他們還是雇了腳伕，不惜徒步跋涉，越過枯嶺，抵達「心園」。原來這一雙情侶，在塵世經過了一番磨折，在「心園」主人徐人仰夫婦的鼓勵下，到廬山去避世。

到了廬山，何夢華和古月仙兩人，也有隨遇而安之心，甚而和「心園」的傭人老王、鄰居的看門人馬林斯基和馬蘭（白俄）父女、黃龍寺的慧真法師、了緣小和尚、太乙莊的顏太乙夫婦、觀音閣的小尼姑守貞等人，都結成了朋友。他們不但敦睦相處，而且心性相投；在感情上有水乳交融之妙，在心志上又有所同，這就構成《白雪青山》的理想樂園了。

從現實的角度去看，《白雪青山》裡的這一群人物，所謂東家、門傭、和尚、尼姑及隱士，都是一些平凡人。他們既非聖人賢士，又非達官貴人，居住在深山窮谷之中，還談得上什麼理想，更不會是什麼樂園。但是，在墨人先生的筆下，何夢華顯然是中國儒家思想的代表者，古月仙便是中國「美的象徵」，老王是一腦子的狹隘的種族主義思想，馬林斯基的困苦是西方政治思想不夠完美的實例，馬蘭的中國化是中國文化適於歐洲人的說明，慧真法師是中國大和尚的典型，了緣小和尚的思想是人性的必然，小尼姑守貞見古月仙的好事多磨而放棄還俗是一種徹悟，顏太乙夫婦的隱耕反映著中國「逸民」和道家的傳統，徐人仰隨太太素雯信奉基督教是當今耶教教友的普遍現象。換句話說，墨人先生的《白雪青山》，是一個世界思想的大熔爐。由於中國傳統思想的寬厚博大，不但「儒釋道」的何夢華、慧真法師和顏太乙之間，相處得親如一家，不拘形跡，就是跟洋人馬林斯基父女，也親如家人。從「有教無類」到「天下大同」的傳統思想，可以說明中國人在世界民族之中，是最不「排他」的。

耶穌追求博愛，但他排斥異教；羅馬天主教和希臘正教的排他性，是舉世聞名的。因此，耶穌的博愛，並不等於包容異教。中國人的天下一家思想，沒有排他的意味，這在中國文化的領域裏，包容得了釋迦，也包容得了耶穌。在西洋人的意念裏，猶太教和耶穌教之間，猶如鴻溝相隔。在印度人的意念裏，回教和印度教之間，也如水火一般。但在我們中國人看來，宗教的信仰，完全是個人的事，也不足以影響我們的道統於萬一，因為大同思想是無邊的，任何宗教思想也超越不過「大同」。所以，在我們的歷史上，找不到「純宗教戰爭」，也沒有宗教仇恨。反過來說，因為「我有容人之心，人家也就有容我之量」了；在私人的社交活動中，個人不會因宗教信仰而遭歧視，也不會因宗教信仰而受到特殊的禮敬。換句話說，沒有任何宗教信仰的中國人，苟能潔身自好，自然可以做一個君子；所謂君子而不偽，怎會比不上一名虔誠的教徒呢？這就是說，中國人不需要宗教，也會做到一個完人，也願意看見宗教徒變成一個完人。因此，在中國人的心目中，祇有好人和壞人的差異，沒有宗教的差別；人格一律平等，信仰聽其自由。在《白雪青山》裏，這種寬厚包容的中國思想，已經從意念中形象化，從形象化變成實際生活。

用讀故事的心情去讀《白雪青山》，那就近於庸俗了。純正的文學作品，好像橄欖一般，須慢嚼細嚥才能領略它的滋味。何夢華和古月仙在廬山所碰到的各色人等，即等於儒家思想和各種思想接觸一樣，在不知不覺中取得協調。我們不知道何夢華是怎樣認識古月仙的，我們也不知道他們怎樣愛起來或戀起來。可是，假如我們意識到書中的古月仙，就是中國人的「美」的形象化，那麼，任何一個中國人，祇要有「美」的觀念，有欣賞「美」的教養，「美」就會像靈魂一般，永遠跟隨著我們，形影不離。所以，古月仙有一個完整的人格，她不是兩面人。林黛玉雖然可愛，但她的心眼太小；薛寶釵雖然可愛，但她近於庸俗……如果要在中國文學裏找一個女性來跟古月仙相比，我在上面說過，祇有沈三白筆下的芸娘；所不同的祇是沈三白和芸娘都是封建時代的人物，男人還有著特權思想，女性也有不吃醋的「美德」，假如《白雪青山》的一段情，發生在前清時代，古月仙可能鼓勵何夢華去跟小尼姑守貞調情，讓何夢華去跟馬蘭親吻，那就造成舊士大夫的「美的境界」了。墨人筆下的「美的境界」，是借古月仙現身說法，這個古月仙是時代的產物，她有著現代中國女性的優點，也有著中國傳統女性的美德，表現在實際生活中。在待人接物的時候，人們會發覺她斯文、美麗、風度可人；尤其難得的是體貼他人，常常為別人打算而忽略了自己，因為德性那麼高，跟他相處過的人，就會永遠想念著她。在她靜下來的時候，就以詩畫、下棋和皮黃自樂。誰不傾慕古月仙呢？

老王也很可愛，他是一個粗人，有著強烈的種族觀念，雖然跟白俄人馬林斯基父女是鄰居，所謂遠親不如近鄰，彼此有守望相助之責，他卻不願意跟人家打交道。老王對何夢華和古月仙說：「我老王絕不和洋鬼子交朋友，尤其是洋婆子。」又說：「嘿！我的皮膚黃，她的皮膚白……我們隔了千重山，交不上。」何夢華、古月仙和老王同住，隨時都在勸導老王，望他不要仇視外國人，和睦相處。當然，一個人的思想轉變，不是說變就變的，必須有一段過程；總算老王雖然跟外國人打過架，還是改變了他的老觀點，對白俄人馬林斯基父女友愛了。考其思想轉變的原動力，膚淺視之，自然是何夢華和古月仙的勸勉不倦，進一步觀察，便是老王放棄了人類原始的種族觀念，接受了天下一家的傳統思想，當然是一種進步。假如文學真有目的，促發人心向善，應當是目的之一。由於文學是抒情的，並非說理的，所以，老王的轉變，在《白雪青山》裏，也是一件大事之一。在《紅樓夢》裏，劉姥姥進大觀園這樣的情節，在一般人看來，不過是「鄉下人進城」一類的小事，不足以登文學之門；可是，在曹雪芹的筆下，就成了大事一件了。在文學家的眼裏，不論賢愚不肖，同為父母所生，同在天地之間，既然以發抒性靈為文學的上焉者，像老王這樣的人，有善良的心地，有濃厚的民族意識，在思想、山水、人物的觀念裏，真不失為一個文學上的可愛人物。所謂相隨心變，老王的脾氣，也隨思想的轉變而改變。照這樣看來，墨人創造老王這個人物，是經過一番研究的。

在知識分子中，墨人先生筆下的「廬山人物」，第一個是慧真法師，假如說中國真有「儒將」，慧真應該是「儒僧」了。他能詞章，自然也知義理，兼工書畫，祇有蘇東坡那樣「全能大家」才比得上他。但是慧真卻比「蘇居士」世故，就好像一般中國大和尚一樣，他們是小乘的皈依者，他們有財產和權勢的觀念，對有財產和權勢的香客，就極盡奉承的能事。當然，有的覺悟了的空門人士，對這種巴結有財勢的人行徑，視為俗人俗事，有所不齒；但是，這也是現實造成。中國人跟緬甸人、泰國人和一切南傳的信徒不同，中國的知識分子，是對佛經感興趣，中國的小百姓是迷信菩薩，君子小人，都不把僧侶視為「佛」的代表，而是佛與人之間的「交通員」。所以，中國和尚要想中國人對他們的禮讚，有如對佛陀一般，那是不可能的事。換句話說，佛的偉大，佛經的高深，並不等於擔任「佛職」的和尚的偉大高深；和尚在中國自然沒有特權。所以，我說《白雪青山》裏的慧真法師是「儒僧」，就是因為他是一個得其「時中」的大方丈；孔子是聖之時者，慧真便是僧之時者。他把香客朝山拜廟，完全視為俗事，大方丈也就在俗人之中兜圈子，求些施捨，維持黃龍寺的一年之計。但這位高僧，對何夢華和古月仙，對高人顏太乙，他們雖然不是佛門弟子，卻視為密友，論詩品畫，超凡脫俗。在儒（何、古二人）釋（慧真）隱士（顏太乙）的和平共處中，俗事才會脫離人間，也才是人間樂園的境象，假如高僧和香客長相廝守，高僧之高，恐怕不會為人所體悟，那就變成俗僧去了。因此，我們可以窺見作者的意念，祇有高人雅士的相聚，高僧才會成為一位高僧。這是一個千古以來的史實，像韓愈和蘇軾那樣的大家，背負著中國的道統，以佛老為異端，倡所謂「文者，貫道之器也」的說法，不管他們怎樣以天下為己任，當他們一碰到人生問題的時候，佛家的觀點就會影響他們。在中國文化領域之內，儒、道、佛在精神上已結為三位一體，由於世俗的戒律禮儀和服飾的差異，形成「貌離神合」。我們祇要看慧真法師在《白雪青山》裏，那麼樂意跟何夢華、古月仙和顏太乙聚首傾談，就可領悟「佛教的中國化」，在於思想的結合。泰國和緬甸和尚對中國和尚的不瞭解，正是他們缺之「儒道」思想薰陶的緣故。作者在這方面的瞭解，非常深刻，我能夠發現「佛教中國化」的關鍵在於「思想結合」，就是慧真法師、顏太乙、古月仙和何夢華的愉快相處給我的啟示。

慧真法師稱顏太乙為「高人」，這位高人就是一位隱士。當然，我們不說顏太乙就是道家，但是，隱士「不事王侯」、「遯時成潔」的流風，卻是道家的思想泉源。顏太乙不是「硜硜小人」，他在南京去官不做，帶著他那包小腳的太座，把兒女丟在南京，跑到廬山躬耕自食，不問時政，甘心畎畝之中，不管顏太乙是「隱居以求其志」也好，「迴避以全其道」也好，在中國知識分子中，「志意修則驕富貴，道義重則輕王公」的人，代有不絕。唐堯之時，堯以聖君之高，以天下讓給高士許由，不受而隱居潁水之陽，高尚其志，開了歸隱田野的先河。當然，以天下為己任，不是一件壞事，孔子的周遊列國，柳下惠三黜而不去其國，那種為國家社會服務的精神，萬世景仰。但是，如果有人藉公共權力之掌握，飾智巧以逐浮利，那些個性耿介的人，便如蟬蛻於囂埃之中，荷花出於污泥而不染，山間湖上，就是他們的歸宿，不得不「親魚鳥」「而樂林草」了。

顏太乙帶著他的舊家風的妻子，息影廬山的含鄱口外，面湖背山，躬耕自活，骨子裏頭，還是逃避時政，名山勝水不過是第二位的選擇罷了。所以，顏太乙說：「如果沒有我那個老伴兒，我也住不下去。」足見隱士歸隱，其志不在山間的明月，湖上的清風，而是藉此「勝」以紓解鬱悶。古月仙也對顏太乙說：「顏太太妙語解頤，你們兩位真使名山生色不少。」這說明中國人重視精神生活，已到了超越自然的境地，純潔的心靈，淨潔的高行，足以使日月生輝。這就可以看出中國人重經典而輕秀才，是有多麼高深的體認呀！墨人先生對人性的研究，可以說已到了最高的境界，他認為一個高士的「高」，不在形式。天主教的神父和修女，佛教的和尚和尼姑，都是一個人的信徒，他們以抑制本能來作清心寡慾的證明，真能說是表裏一致嗎？顏太乙攜眷出隱，是了心願，不是做給人看，所以，他帶著顏太太上山，而且因為這位太太是翰林的女兒，肚子裏裝了不少的骨董（知識分子），顏太乙的隱居生活，也就風調雨順了。我們必須明白，和尚尼姑及神父修女，是靠俗人的供養而生存，所以他們始終離不開時政；中國的隱士不靠人供養，伯夷、叔齊在首陽山采薇而食，一切避時隱居的人，都得自食其力，絕對不過問人間俗事。何夢華帶著古月仙上廬山，寄身友人籬下，已有半隱之分，到古月仙回滬，失去聯絡之後，何夢華終於到太乙莊自隱了，美中不足的是何夢華缺乏一位「老伴兒」。因此，我們也可以想到，像古月仙和顏太太這種類型的女性，正是中國知識分子的理想夫人。那倒不是嫁雞隨雞嫁狗隨狗的問題，而是她們能瞭解一個中國知識分子的志節所在，不惜委身於「野人」。

從這些《白雪青山》的主要人物中，我們可以看出，墨人先生已從文化的領域裏，找到了個性上的差異。心理學告訴我們：「在人類中，沒有兩個人是完全相同的。」那麼，人與人之間的差異，決定於各種動機的強度，也決定於特殊習慣（文化的，包括思想）。所以，墨人先生創造林黛玉和薛寶釵以外的古月仙，正是依從中國傳統文學的手法，從文化（包括生活習慣）這個角度入手；因此，大大小小的人物，都栩栩如生，不是沒有所本的。時下有的搞現代小說的朋友，幾乎忘記研究現代小說所依據的現代知識，例如心理學的結論，就沒有人重視；祇知把人家的成名之作加以變通——改寫，也不懂得「動機」對人性的作用，更不瞭解「習慣」之所以影響於人，怎會創造出好作品來呢？墨人先生在《白雪青山》裏，依思想的界限去創造人物，在「文學革命」以來的新文學的創作中，我還是第一次看到。《白雪青山》的成功，應該以人物創造的成功為最大的成就。我在《白雪青山》裏找不到相同的人物，這正是現代心理學的結論，《白雪青山》的成功，就不是偶然的了。

三

《白雪青山》在「戰略」上的成功，是人物的創造合於現代心理學的觀點，上面已經說過。現在我們來看看《白雪青山》在寫「境」和語彙運用這方面的情形。在我們的老觀念裏，沒有「寫境」而祇有「寫景」的念頭。所謂「寫景」，從「高小」到「大一」的國文先生，都異口同聲地告訴學生如何「寫風景」，對「時代」和「人事」的關連，並不注意。因此，這多年來，所謂「新文藝」的讀者，都能滿足於「單線的發展」，一個單調的戀愛故事，就是新時代的「新讀者」所愛好的佳作。我在上面說過，作者、作品和讀者是三位一體，換句話說，欣賞水準不高的讀者，祇會滿足那些庸俗而低劣的作品。不管怎樣說，《白雪青山》的故事雖然是平淡的，正如紅樓夢中的若干情節一樣，平平淡淡，但因在「寫境」方面，下了很大的工夫，平淡純潔的情趣，就不是那些「單線」發展的「單調」作品所能望其項背了。以《白雪青山》的第一章來說，寫的祇是何夢華和古月仙上廬山，但在作者的妙筆下，從蓮花洞到牯嶺，再從牯嶺到「心園」的經過，就寫得「身在其境」一般。作者會寫雪境，當然是一個事實，但作者更長於寫「情調」。那飯鋪的老闆和腳伕的應對和努力，不僅把那冬寂夏囂的廬山景象，表現在字裏行間，何夢華和古月仙所處的環境，就像我們也生活在裏面一樣。這當然不是靜態的寫景所能造成的感受，而是動態的描寫，從立體的「寫境」中，鑄成的真實感——不但書中自有天地，連觀念意識也因寫境的手筆高超，使讀者有所領悟。在水滸傳裏，酒保勸武松不可上景陽崗，以免死於「大蟲」之口；武松不聽，還是乘著酒興，上景陽崗去……這就是寫「境」的好手法。在《白雪青山》裏，飯鋪老闆也勸何夢華和古月仙，說那樣大的雪，連轎伕也不能行走，不要上山，以免危險。讀者見到何夢華和古月仙，一定要上山，自然會在腦子裏想，這一男一女，勉強要在大雪天上廬山，必定不是遊山玩水的人，總是發生了什麼事故了。在這個疑問之下，讀者的心情，也就被帶到廬山之上。我們知道，小說和戲劇的欣賞，不太相同。戲劇是演員用動作表演出來的，再加上道具音響，尤其是電影，極盡視聽的所能，小說則不然，祇是白紙上落了黑字，一切都要靠讀者自行想像，「寫境」就非常重要了。

當然，作者在寫景方面，對雪景和「霧景」，特別有心得。在第四章的開頭，作者這樣寫著：「天空灰沉沉的，彷彿滿天都是雪，一輩子也下不完：山上有幾根竹子，已經不勝負擔，攔腰折斷了。」「語彙」用的非常平淡，但那「一輩子」也下不完的雪，將是如何的大呀！關於寫霧景的，作者這樣寫著：「一陣雲霧突然從峭壁那邊湧了上來，立刻把我們罩住，細雨霏霏，我連忙把斗笠戴上，牽著月仙，跟隨顏先生走進『待晴亭』躲避。亭子在雲霧裏。『不識廬山真面目，只緣身在此山中。』月仙望著洶湧的灰濛濛的雲霧，輕輕地說。」（二十三章）這樣的寫法，有景有情，境況也就在其中了。在二十九章中，作者這樣寫著：「剛到仙人洞，錦繡谷底又波濤洶湧地湧起一股濃霧，排山倒海而來，不一會就升到仙人洞，爬上了佛手巖，洞外是一片迷糊的世界，只聽見遊客談話的聲音，卻不見人影，連洞口那塊『縱覽雲飛』的大青石邊的孤松，也模模糊糊。」到了夏天，廬山是怎樣一個雲霧乍起乍散的地方，也就知其大概了。但是，千言萬語，還是一句話的結論，小說家的寫景，是隨情節而「揮」，不像散文家那樣，把奇筆妙文集中於景物的描繪；所以，在《白雪青山》中，到處都可碰到描寫山川峻秀，雨霧濛濛的筆墨，隨著情節的發展而表現作者的才華。換句話說，《白雪青山》可以說是一本「廬山遊記」，沒有到過廬山的人，看了這部小說，就好像到過廬山一般。但是，這部「廬山遊記」，卻像電影一般，是生動的情節借廬山的「外景」表現出來；這就告訴我們，小說的「寫景」，猶如電影的外景一般，並非「為了寫景而寫景」，而是「為了情節而寫景」。

我讀了《白雪青山》，發覺作者非常巧妙地把小說中的重要情節，安排在真實的景物之上，使讀者由於景物的真實，對小說中的變故，發生「實人實事」的感覺。從表面看來，《白雪青山》好像一部寫實主義的作品，一事一物，都講得如情如理，鑿鑿可憑，原因就是墨人先生明智地利用現實的社會，真的背景（廬山）去發展他的佳構。事實上《白雪青山》，是一部中國式的浪漫主義小說。我所說的中國式的浪漫主義，就是中國人在生活方式上的奇思異想。何夢華和古月仙的「廬山生活」，就是由「遐思」而來的生活藝術。用一句老話來說，那樣的生活方式，猶如神仙生活一樣。因此，那樣的神仙生活，一旦失之，就會令人有莫大的痛苦。古月仙離開廬山了，等於魔鬼一把把她抓去了一般，關在籠子裏，而且永無歸期，所以，何夢華失去奇異的愛情生活，精神恍忽，痛苦不堪，作者不但寫出了書中人的沮喪情緒，也把廬山「捨身崖」的景象，配合著情節，描繪出來。作者描寫那喪失神仙生活的何夢華，心情不安——他自述道：

我漫無目的地走，心裏像塞了一塊石頭。很想找一個荒僻無人的地方靜靜地坐，靜靜地思想。突然我想起了『捨身崖』，那裏不但偏僻，而且險峻，一塊三四尺寬，一兩丈長的崖石橫空突出，下臨絕壑，拔地千仞，無人敢登，盛夏時也很少有人去，現在自然更無人去了。

我循著文殊臺的小徑，來到「捨身崖」，空山幽徑，闃無一人，只有秋風搖著樹枝，吹得落葉飄飄，吹得我衣袂飄飄。

我盤膝坐在崖石（捨身崖）上，風從我身邊掠過，雲不時包圍我。我與世人完全隔絕，連鳥兒也沒有看見一隻。（第三十四章）

這段描寫，不但把「捨身崖」的險峻和闃寂刻劃了出來，而且把一個失戀的人，了無生氣的心緒，也表露無遺。這就是小說的寫景，與詩歌散文的寫景不同的例證；也是中國式的浪漫主義，藉寫實的筆調表現的一個證明。

在語彙的運用方面，我們也可以舉出不少的實例，說明中國文學和中國語文的不可分。當何夢華和古月仙，帶著徐人仰的太太素雯和女兒小雯，到太乙莊去要一隻小雞給小雯以代野鳥之時，太乙莊的主人顏太乙的太太說：

「一隻小雞孤孤單單，不好養，我送兩隻，讓牠們成雙成對。」

這是顏太太第一次同素雯見面；對一個明達風趣的人來說，祗有妙用中國語文，才能描繪出來。用洋幽默的筆調來刻劃一個中國主婦的詼諧宏達，有如隔靴搔癢。就是用「翻譯體」的倒裝句法，也不可能寫好中國小說，因為無法表達中國人的意識形態，蹩扭和違背情理的事，也就避免不了。初期的新小說不受智識界歡迎，語法沒有中國語文的精神，就是一個原因。在《白雪青山》裏，墨人先生以流暢的語文，去表達幽默、風趣和深邃的意境，一字之妙，趣味無窮，讀者就可在寬宏舒暢的情形下，欣賞《白雪青山》的文筆了。

——原載《中華日報‧副刊》

附錄

老作家墨人在美獲傑出成就獎

從事文藝創作整整六十年、年高八十的著名小說家墨人教授，日前榮獲美國「世界智庫」（*Universal Inteligence Data Bank of America*）與「艾因斯坦國際學會基金會」（*Albert Einstein International* Academy Foundation）聯合頒贈的傑出成就榮譽獎。此一榮譽獎，係為了紀念千禧年而設，獲此殊榮者，都是各國在各個領域卓有特殊成就者。

墨人本名張萬熙，六十七年前投筆從戎，一九三九年自陸軍官校十六期政治科畢業後，考入當時的中訓團新聞研究班第一期，同班同學皆來自海內外高等學府，如留日的覃子豪，及後來在新聞界居領導地位的邵德潤、馬志鏘、李嘉等。墨人自新聞研究班結業，馬上一手拿槍當戰地記者，每天在槍林彈雨、煙硝瀰漫的戰陣中，出生入死，一邊寫新聞稿，一邊寫新詩和散文及短篇小說。在目前海峽兩岸同時代的作家中，可算「碩果僅存」。

八年抗日聖戰中，熱血沸騰、青年時代的墨人，由記者、編輯幹到總編輯、總經理，歷盡艱辛，從不叫苦，也從不氣餒。

一九四九年在兵荒馬亂中，攜眷來台，先後任職於海軍總部秘書、軍中電臺副臺長、國防部軍聞社資料室主任，及國民大會圖書資料組組長，並兼任東吳大學副教授。自公職退休後，曾應香港廣大學院[illegible]中文研究所客座指導教授。

墨人全部著作共計五十餘部，約二千[illegible]萬字，這在文藝界是極少有的成績。代表作有來臺後早期的長篇小說《白雪青山》（[illegible]連載）及[illegible]有大長篇一百六十萬字的《紅塵》（《新生報》出版），[illegible]即將出版的五十萬字長篇《娑婆世界》。新詩方面有[illegible]《墨人半世紀詩選》。散文方面有《紅塵心語》及《年年作客伴寒窗》等。文學論說方面有商務印書館出版的《紅樓夢寫作技巧》、《全唐詩尋幽探微》、《全唐宋詞尋幽探微》等。並即將出版《全宋詩尋幽探微》及《墨人詩詞詩話》（此著收有墨人古典詩詞百餘首）。[illegible]出版的墨人著作有《張本紅樓夢》等。墨人在訪問大陸後，曾結集[illegible]冊《大陸文學之旅》，頗受歡迎。

實至名歸，佛道雙修、不與人爭的墨人老居士，曾於一九八八年及一九八九年，連獲美國學術機構頒贈兩個榮譽文學博士。一九九〇年艾因斯坦國際學術基金會又贈予學人教授「人文學」榮譽博士學位。由此可見，「道不孤，必有鄰」！墨人博士的成就雖然是他個人的榮譽，但對海峽兩岸默默從事文學創作的作家來說，應該也是一種激勵。

民國八十八年十月十二日，《世界論壇報》

書的啟示

——尹啟銘看《白雪青山》嚮往空靈脫俗的意境

許昌平

念交大時主修計算機控制工程，曾當過最年輕工業局長的經濟部次長尹啟銘，是個愛書人，他看的大多是充滿文藝氣息的小說，包括了司馬中原的《狂風沙》、墨人的《白雪青山》、陳之藩的《劍河倒影》、《紀曉嵐傳》、獨孤紅的武俠小說、鹿橋的《未央歌》，及《三國演義》等。

尹啟銘說，他很欣賞有智慧又有幽默感的人，像諸葛亮的計分三國，紀曉嵐反應很快，年紀愈大愈像小頑童，都對他的為人產生一定影響，此外，他很喜歡看武俠小說，不過，他最愛獨孤紅的武俠小說，共收藏了上百本。

尹啟銘說，除了小說外，他也很喜歡讀散文，其中有本復興書局出版的散文集是他的最愛，這本散文集已經絕版了，但是到現在他再也找不到一本散文集比得上它，書中有個小故事：他在念臺南一中時很認真學英文，當時英文課本是由復興書局出版楊景邁所寫的《高中英文》，由於是首版，編排並非盡善盡美，他從書中挑出了一些錯誤寄回復興書局，最後復興送他一本散文集致謝，這本就成為他最喜歡的散文集。

不過，如果一定要選出一本書，尹啟銘選擇墨人的《白雪青山》。他說，他從小就是看《中華日報．副刊》連載的《白雪青山》長大的，到如今他對書中描寫男女主角大雪中私奔到廬山，在山中別莊，與儒、釋、道、傳教士等流交往，那種大雪封山、天地蒼茫、各家思想交錯、空靈脫俗的感覺，記憶猶新，且很嚮往那種意境。尹啟銘的辦公室收藏了很多飛機模型，也許是難忘那種悠遊白雲、自由自在的感覺吧！

原載民國八十七年十月二十七日，《民生報》

凌雲健筆意縱橫

——民族浩劫的偉大史詩《紅塵》讀後

潘亞暾

最近，臺灣資深作家墨人（張萬熙）先生贈長篇小說《紅塵》。讀後，深感「薑還是老的辣」。在愈來愈輕飄飄、軟綿綿的小說世界裏，《紅塵》顯得博大精深而不同凡響，令人刮目相看。

墨人先生的新著一百二十萬字的長篇小說《紅塵》（註），是一部民族浩劫的偉大史詩。作者痛心撰寫，讀者含淚賞讀，愛我中華，哀我中華。悠悠蒼天，曷其有極，奈何五千年煌煌青史，竟蒙此禍結災連？

墨人先生才學兼眾科之長，而尤潛心於中華文化之哲理闡釋，畢生沉浸濃郁，含英咀華，發為文章，其書滿家。四五十部文學創作之中，我以為《紅塵》最能不朽。先生史識卓越，百事窮根究柢，一絲不苟，所以小說構架有十分可信的現實基礎，其中大半的史蹟又是他本人全身心投入，一步步走過來的。《紅塵》的成就是雙向的：其一是歷史和哲理的學術貢獻，這是一般文學評論所忽略的（忽略也對，便於突出文學，但上乘的文學傑作無一不是兼精史哲的）；其二是長篇歷史小說創作上的貢獻，本文是以後者為重點的。

有數位前輩作家或學者都認為《紅塵》很像《紅樓夢》，我頗不敢附和。我認為二書祇有半截架構上彷彿近似，龍府五代人歷劫不衰跟賈府由盛而衰的世變確實尚有可比較的餘地，但其他方面就很不相同了。若許我去談，我就要說：「墨人早生二百年，也未必會寫出《紅樓夢》；曹雪芹晚生二百年，就肯定寫不出《紅塵》！」時勢造英雄，時世出作家，「偉大」祇會空前而決不能絕後。文學史家每有崇古的傾向，從而誤把偉大的名作捧成絕後的怪物了！豈有文化愈積愈薄，文學傳統一代不如一代的呢？誠然，四五十載光陰，也許適逢一劫，因而左看右看祇歎子孫不肖遽爾斷言今不如昔了。其實，文學祇是文化的一個分支，代代所需要的作家規格是必不相同的；歷史是人類社會的進程，人的素質與能力總的趨勢是後來居上。我們不能說曹雪芹是封閉時代的墨人；但不妨說墨人是開放時代的曹雪芹。他繼承了中華文化的優秀傳統，其中包括了《紅樓夢》的傳統，祇是被他發揚光大了二十世紀的風格罷了。

總之，時代不同，作家的經歷也不同，創作的社會條件又大大不同，個人的思想氣質更難相同，這一切使我們無法用比較法去評價二書的高度。大言無當，不如舉例議其點滴。

一、《紅塵》中八國聯軍之禍，表面上起於義和團，而實際因果卻是中國積弱腐敗終於招致了侵略。墨人取材翔實，渲染而不誇張，史識卓越，大而能化（今語宏觀微觀都適切），其表現為文學佳作的手法尤令人敬服。歷史小說忌抄陳年資料，祇寫成新聞報導。歷史小說祇留歷史骨架，而其血肉則應是「文學加工的事實」。這其實有史為證，其虛構又決非妄言，文文雅雅，詩心不假。我讀《紅塵》頗羨作者於此道之出神入化，尤其是抗日男女切身經歷的許多描寫。八年抗戰墨人是全程參加了的，八國聯軍之役他當然不可能參加（他生於民國九年），但所據有別，所出卻同等佳妙。我想他的才能加勤奮引得了成功。墨人的一絲不苟堅持原則曾經使某名人傷心掉淚！今日阿世取寵的文人見此理當知愧。

二、《紅塵》中的理想人物個個有血有肉，栩栩如生，沒有一個不被安放在最適當的歷史位置上。例如龍太夫人唐文英，學識見解都切合身世。她能前事不忘，而成後事之師，至少有三十年的歷史洞察力；在家族內、在社交上，都能遇事明斷，安定眾心。生平唯一錯就錯在外孫女楊文珍的婚事上不夠果斷，導致龍楊兩家的共同悲劇。這個角色的成功有歷史深度，有對詩禮世家的深刻理解。要對比嗎？那史太君賈母簡直是虛設的沒頭沒腦的傀儡了。

綜觀《紅塵》全部人物的分類和搭對，人們不能不欽佩作者文思的細密。龍府人物的世系反映整個故事的發展變化。另有龍府交往人物的網路，跟前者套連起來，便顯示了五十年民族浩劫中的世界萬花筒。在墨人筆下，日本人也分敵友兩類，處理合情，教人心服。知識分子有三四類，都夠典型，所影射的現實中人，也都無可平反。寫紅粉知己，「好色而不淫」；寫敗家浪子，亦存良心。至於龍家子孫政治上異途殊轍，所導致的榮辱不同，都寫得切合中國的政治實況。我祇覺得主角龍天行飄逸遠舉，這對於全書似乎意有未盡。不知《續集》是否將伏筆延伸，補救龍天行所代表的某種道德力量對劫後中華有那些正面的影響？

三、關於道家哲學。中國歷史上的宗教和準宗教都遠非一元，它們背後的哲學也決非「異教相斥」的，而歷代統治者及其智囊都做了不少調整兼容的工作，以使原有程序得到維護，隱發的危機得以避免。漢唐以下，事例多多。我們撇開政治，祇看不同思想流派的哲學核心究竟有多少合理的成份。我們再撇開儒、佛、基督，也把道家哲學跟道教信仰區別開來，那似乎應該承認：今天所理解的道家哲學，比古代任何其他哲學家都高明得多。

但我不曾用功研究過道家思想，所以祇敢以門外文談的淺議來說幾點隔行隔山的話，向墨人先生請教，也向《紅塵》的廣大讀者請教。下邊就如是我言了。

人類對物質世界的認識，基本乃在乎「切分」。原先假定為整體代號的「一」把物質實體抽象化、數學化了。「數學化」為「切分」打開方便之門，「一生二，二生三，三生萬物」的思考隨之而生。切分表上是量的兩端裁減，進而又從質的正極把二命名為陰陽，這種含著矛盾的兩個互相推生。切分表是量的兩端裁減，進而又從質的正反兩極把二命名為陰陽，這種含著矛盾的兩個互相推動、互相轉化的事物被圖象化為太極圖。太極圖是最聰明最概括的哲學圖表，質和量的運動變化盡在其中了。到此為止，「一分為二、二合而一」，「一生萬千，萬千歸一」的哲理得到了數學的肯定。宇宙萬變也盡在太極圖中了。八卦系統取自然界八種物質或現象，配位而衍成一個關係的網路，它也可集於太極，「極」是未切分的「原一」。心物二界沒有甚麼可脫離這個極的。以上哲理並不神祕，後來被宗教化了才產生許許多多的附會。

《紅塵》是中華民族近半個世紀經災歷劫的史詩。作者墨人愛國情深、創作志切。在他的多項準備工作中，有對我國文化源頭辛勤的探討，其成果已一再表露於這部傑作之中。我欽仰有餘，但全信又不是。我以為任何哲學都要繼續發展提高，沒有歷萬代保原封的道理。若古聖先哲有一言可以盡永恆，倒不合太極之理了。我無力深論，質疑而已。

至於文學作品中寫幾個仙風道骨的人物，那多半出乎主題要有此陪襯，如《紅塵》中逍遙子柳敬中，他既要增強了王仁儒的反面性，又加深了龍天行的正面性，此外還活躍了許多情節和氣氛。若有讀者自以為也能修那般道行，那就太不懂「文學創作本來是一種無中生有的難事」的道理了（引語見墨人〈文化與文學〉一文，附載於《紅塵》書端）。

四、關於歷史小說的全面性。文學創作固然是無中生有的事業，但虛構也不能太離譜（神話可以），而歷史小說更應大節真實，這是不言可喻的。近半個世紀以來，中國境內實際存在著兩種政權，其意識形態可謂陰差陽錯，一時也難盡言。《紅塵》書中對於抗戰以來的民族浩劫的原因，除了總承全書的觀點以外，似乎對臺灣政權者（中華民國政府）昔日在大陸的統治頗多回護，或有所諱言。不知此係伏筆待續，抑或另有想法。當此《紅塵》要在大陸印行之際，我們期待《續集》將為《前集》的錦上添花。

不必也不宜拿《紅塵》比《紅樓夢》，但要指出：墨人史識遠超曹雪芹，視野廣於曹雪芹，關懷民族命運更非曹氏所能比。我深信，二書很不同，各有其不朽之處。《紅塵》是當代最優秀的中文歷史小說，它有一股神聖的幽思，啟發人們去改善中華民族的命運。我們不幸經歷了「紅塵滾滾，浩劫連連」的苦難歲月呀！

編者按：本文作者任廣州暨南大學中文系教授多年，對兩岸文學及海外華文作家作品有深入研究，本文乃依據《紅塵》上、中、下三冊（手稿一百二十萬字，以版面計則達一百四千多萬字，四卷合計則近兩百萬字）立論，未談《紅塵續集》。

又本文曾分別刊載於民國八十二年三月十九日臺北市的《世界論壇報》、一九九三年八月五日，馬尼拉的《聯合日報》。

墨人的紅樓夢研究及其紅學觀

——隔海問答錄

陳忠 問
墨人 答

臺灣著名作家墨人先生，文學生涯六十年，創作了詩集六部、小說集三十部、散文集十一部，其成就享譽海內外。同時，他又精通唐詩、宋詞和明清小說，已出版了理論專著《全唐詩尋幽探微》、《全唐宋詞尋幽探微》；《全宋詩尋幽探微》即將脫稿，不日出版。墨人先生尤其酷愛《紅樓夢》，不僅寫有暢銷書《紅樓夢的寫作技巧》，在海峽兩岸分別出版；而且於一九九六年由湖南出版社隆重推出[illegible]上下兩卷的《張本紅樓夢》（修訂批註），引起人們的廣泛注意。為此，筆者就墨人的紅樓夢研究及其紅學觀，隔海問答。

問一：墨人先生，您曾說：「中國小說真正走上創作道路，而且氣勢雄偉，如長江、黃河，成就輝煌，具有劃時代意義的，首推《金瓶梅》，其次是《紅樓夢》。」請問：產生在各自不同歷史背景下的這兩部文學鉅著，其共同性與差異性何在？兩者是否存在高下優劣之分？

墨人答：《金瓶梅》與《紅樓夢》歷史背景不同、文學風格不同，兩者的共同性很少很少，差異性卻很大很大。

《金瓶梅》是一部社會性、大眾性的小說，作者巧妙地取材於《水滸傳》裏的西門慶與潘金蓮的一段故事而發展成一個大長篇，將時代背景推到宋朝，借古諷今（明）以避禍。而宋明兩朝之腐化、貪污亦有相似之處，作者透過西門慶、潘金蓮這類人物，將他們所處的朝代，間接呈現出來，正是作者匠心獨運之處。西門慶、潘金蓮之荒淫生活，雖嫌赤裸，似難原諒。作者或亦有其感受之深，用心之苦，非局外人所能知者？唯讀者水準不一，水向下流，如能適可而止，心存忠厚，而又能達到創作目的最好。但《金瓶梅》的歷史價值、社會價值不可斷然否定。

《紅樓夢》則是一部精雕細琢的上流社會小說。以大觀園賈府的貴族生活，反映清朝那個時代，細膩而深刻。在人物創作方面，曹雪芹表現了史無前例的功力，也嘔盡了心血。賈寶玉、林黛玉，表現的是「情」；西門慶、潘金蓮表現的是「慾」。人性與獸性之分在此。至於翻手為雲，覆手為雨，用盡心機，耍盡手段，玩弄大觀園榮寧兩府人物於股掌之上的王熙鳳這個人物，更是曹雪芹的大手筆，王熙鳳是搞政治鬥爭的高手，但賈府也毀在她手裏，她的下場也很淒涼。曹雪芹的閱歷之深、學問之大，在他經營王熙鳳這個人物身上可以概見。他對王熙鳳之痛恨亦可想見。曹雪芹之高明，就是隱藏自己，一切由人物自己表現、由讀者自己體會。因此，各個年齡層次，各個知識層次的讀者，有各種不同的解讀。但有一點是十分統一而又最能測驗讀者水準的，那就是曹雪芹的思想境界。其他小說作者能將故事編好，人物創造好，那就很不錯了，還談不上文學的思想境界。但文學的價值判斷必須取決於此。否則，頂多祇能稱為「巧匠」，不能稱為「大家」。

曹雪芹的思想境界是怎樣產生的？那就是他對佛道兩家思想的概括瞭解，其他小說家都缺少他這種修養。但曹雪芹的瞭解還不夠深入，還沒有進入佛道雙修這個層次，但用之於文學創作已游刃有餘了。所以，他自己既自負又感慨地寫了一首五絕：

滿紙荒唐言，一把辛酸淚；
都云作者癡，誰解其中味？

《紅樓夢》的讀者、考據家那麼多，真正能解其「味」的有幾位？這個「味」就是他的「思想境界」。恕我說句老實話，如果不通佛、道兩家思想，便很難真懂《紅樓夢》的。

問二：《紅樓夢》成書距今有二百五十年了，而《紅樓夢》研究真正興盛繁榮卻是本世紀的事。「紅學」一百年，「紅學」專家眾，「紅學」成果多，且學派林立，文思相左。依墨人先生高見，我們應該怎樣深入地研究《紅樓夢》，才會有利於「紅學」更健康的發展與繁盛？

墨人答：研究《紅樓夢》的目的是甚麼？是考證曹雪芹的家世、曹雪芹的籍貫嗎？在這方面已經花費太多的時間了！這對文學創作有甚麼益處？對接受《紅樓夢》這部文學遺產又有甚麼效果？考據家那麼多，為甚麼沒有產生第二個曹雪芹呢（在文學創作方面，胡適連作曹雪芹的學生都不夠格）？要深入研究《紅樓夢》，必須在「味」字方面多下功夫。祇是這個功夫太大，不是蒐集資料所能辦得到的。曹雪芹自己早就預言了。真正懂得那個「味」字，甚至早已超過那個「味」兒的，就自己創作了。

問三：您是甚麼時候開始讀《紅樓夢》的？談談您最初的品味體驗。您是甚麼時候開始寫《紅樓夢的寫作技巧》一書的？緣於何種創作動因與慾望？

墨人答：我讀《紅樓夢》是和讀《三國演義》、《水滸傳》、《儒林外史》這些古典小說同時開始的，那是青少年時期，但祇會看愛情故事、欣賞詩詞，別的實在不懂。我自己寫小說以後，才再讀《紅樓夢》，那時已三十出頭了。我寫《紅樓夢的寫作技巧》這本書，則是一九六六年（民國五十五年）開始的，那是由於當時臺灣文壇被西方的存在主義、意識流的歪風吹得東倒西歪，和我這種年齡的作家都噤若寒蟬，年輕的讀者都暈頭轉向，讓那些販賣西洋「博浪鼓」兒的「假洋鬼子」，不可一世。我便不得不使出《紅樓夢》作照妖鏡。書還沒有寫完，五月間，我就帶到菲律賓馬尼拉菲華文藝營講習，講了一個月，回臺北之後再趕寫完畢。但是沒有報紙肯發表，我便寄給臺北商務印書館；那時王雲五先生重掌該館，正想再振昔日上海商務印書館雄風，想不到十一月間就出版了。原先我以為沒有甚麼人會買，因為該館祇在自己的門市賣，絕不外銷。想不到連銷十版，而且十之八九都是作家買的，甚至有人買兩本，身上帶一本，辦公室放一本。如果不是一位女作家親口告訴我，我還不知道。後來那股存在主義、意識流的歪風偃旗息鼓了！當然這不能說是我有這麼大的影響力，祇是我用《紅樓夢》作照妖鏡是用對了。

一九九三年四月，北京中國文聯出版公司又出了大陸版。本來他們想接著出版我的大長篇，一部比《紅樓夢》還多幾十萬字的《紅塵》，但由於現實的困難，他們詳細列了刪節之處的行段文字，徵求我的同意。我沒有同意出版。好在《紅塵》已由《臺灣新生報》連銷兩版，如果不是「凍省」，三版早出了。好在新創立的昭明出版社已列為我的代表作之一，作為《紅塵》定本付排了。至於《紅塵》大陸版，那就要看因緣甚麼時候成熟了？不過我一時還死不了。曹雪芹並沒有看到《紅樓夢》出版呢！我如果沒有曹雪芹那種祇問耕耘、不問收穫的精神，我就寫不出《紅塵》，也不會再寫另一長篇《娑婆世界》的。要深入研究《紅樓夢》，也必須要注意曹雪芹那種創作精神。看一個偉大的作家，不能光看他的成就，那祇是表象；他潛在的精神意志尤其重要。

問四：《紅樓夢》是舉世公認的一部光芒四射的不朽傑作。創作這樣的作品，作者必須具備那些素質？

墨人答：一位偉大作家如曹雪芹者，必須具備：

一、對自己的文學理想，要有生死以之的精神。

二、要有堅強的意志再加堅強的體格。

三、要有高尚的品格，澹泊名利的情操，和正義感、慈悲心。

四、要有佛家、道家的宇宙觀，並深悉其超凡入聖之道（明乎此，即已遠超曹雪芹）。

問五：您是甚麼時候想到、並下決心要修訂和批註《紅樓夢》的？事前您做了那些準備？在修訂、批註的過程中，您是否遇到困惑、困難、困苦與困擾？事情完成後，您的自我評價如何？是否留有遺憾？

墨人答：我是在寫完《紅樓夢的寫作技巧》之後就想修訂、批註《紅樓夢》的。因為我發現「程乙本」還有不少缺點（見《張本紅樓夢．序》），但曹雪芹並未親校此書，錯誤自所難免。我必須仔細讀，前後對照。在臺灣資料很少，我多從作品本身尋找、推斷。如從干支紀年中，推算各人的年齡的大小即是，好在這方面難不倒我。修訂部分我在序文中已有說明。

我最感遺憾的是湖南出版社的版本錯誤太多，我的《張本紅樓夢．序》就整整漏了一頁手稿六百字；其他錯誤不勝枚舉。我遠在臺北，無法校對。這一版《張本紅樓夢》辜負了我幾年心血、一片苦心，使我十分遺憾！常君賣先生雖說設法在北京再版，但不知何年何月才能兌現？這本書真是我一生最遺憾的出版經驗！百口難辯。但一万一千多本而大卷硬皮封面版很快賣完了，我不同意再版，代理人常君，卻得了實惠，他以此為事，我也不計較

問六：通過數十年苦楚的閱讀、思索、研究之後，身為作家的墨人先生，您能否介紹一下您對《紅樓夢》的審美認識及其藝術發現？

墨人答：《紅樓夢》不能以一般的美學觀念來看。《紅樓夢》的美是曹雪芹的思想之美、情操之美、人格之美。

載一九九八年，《九江師專學報》，第三期，〈墨人研究〉專欄

作者為該校教授兼學報主編，「墨人文學研究中心」主任，九江作家協會副主席

為了更完美

——墨人修訂、批註的《張本紅樓夢》推介與感言

羅龍炎

〔內容提要〕墨人修訂、批註的《張本紅樓夢》在大陸出版了。墨人為甚麼要對《紅樓夢》進行修訂、批註呢？墨人修訂、批註的《張本紅樓夢》有何特點呢？本文認為，其動機的核心在於追求更完美。

〔關鍵詞〕墨人　修訂　批註　《紅樓夢》

最近，有機會讀到一種新版《紅樓夢》，由湖南出版社於一九九五年十二月一日第一次出版的《張本紅樓夢》。

《張本紅樓夢》正文前，並列有三位人物小傳。一位是《紅樓夢》著者曹雪芹的小傳，一位是《紅樓夢》後四十回殘稿輯補者高鶚的小傳（註一），還有一位是墨人的小傳。〈墨人小傳〉云：

《紅樓夢》修訂、批註者墨人，中國現代著名（兼擅中國新舊文學）的詩人、作家、學者、著名

的紅學家。本名張萬熙，江西九江人。一九二〇年生。曾任報社主筆、總編輯、總經理、香港廣大學院中研所客座指導教授等。著有《全唐詩尋幽探微》、《全唐宋詞尋幽探微》、《紅樓夢的寫作技巧》，長篇小說《白雪青山》、及一六〇萬字的長篇鉅著《紅塵》等四十八種，一千餘萬字。並榮列《國際詩人名錄》、《國際作家名錄》、《國際文學史》、《世界名人錄》等二十餘種名錄。創作五十餘年，祇問耕耘，不問收穫。設在美國深受世界尊重的國際大學基金會一九八八年授予榮譽文學博士學位，艾因斯坦國際學院基金會一九九〇年授予榮譽人文學博士學位，世界大學一九八九年授予榮譽文學博士學位，英國劍橋國際傳記中心一九八八年禮聘為副董事長。

墨人本名姓張，所以他修訂、批註的《紅樓夢》定名為《張本紅樓夢》。

墨人為甚麼要修訂、批註《紅樓夢》、出版《張本紅樓夢》呢？

這主要是與墨人對《紅樓夢》的深愛分不開的。作為一個詩人和作家，墨人對《紅樓夢》十分推崇。在他看來，《紅樓夢》是「一部長江大河般的氣勢磅礡的空前絕後（到現在為止還沒有第二部足與《紅樓夢》等量齊觀的大長篇小說）的鉅著」、「是經典之作」。他對這部偉大的文學遺產進行了十分深入的研究。與考證學派不同，他的研究主要從文學創作的角度。注力於《紅樓夢》文本本身的研究。他說：『我不是考據家，我熱愛《紅樓夢》完全是從文學創作觀點出發。』他認為，胡適對《紅樓夢》版本問題、曹雪芹家世問題和《紅樓夢》時代背景的考據，所做的貢獻不可否認，但不能代表《紅樓夢》研究的正確方向。《紅樓夢》研究的正確方向應當回到《紅樓夢》文本本身，回到文學本身，著重研究《紅樓夢》的文學思想與寫作技巧，「應該依據現在能夠讀到的這一百二十回本子的《紅樓夢》建立起文學理論來」，「目的是在如何接受這部偉大的文學遺產，而不是考證晴雯的頭髮、大觀園的建築圖樣乃至桌椅板凳。」（註二）

六〇年代初開始，墨人先後在文復會小說研究班、馬尼拉華僑文講會、東吳大學、東海大學、新竹師專、中央大學、國際文藝營等處，多次就他的《紅樓夢》研究進行演講。在馬尼拉華僑文講會的演講時間，長達一個月。研究之精細，由此可見一斑。後經反覆修訂，墨人的《紅樓夢的寫作技巧》一書，於一九六六年在臺灣商務印書館出版。

正是這基於推崇喜愛之上的深入探討與研究，使墨人在曹雪芹的思想、《紅樓夢》的主題以及結構、人物、語言技巧諸多方面，形成了自己獨到的見解。他的〈撥亂反正說紅樓——論曹雪芹思想與《紅樓夢》的寫作技巧〉一文，集中而簡明地闡述了他的主要見解，體現了他的《紅樓夢》觀（也許正因為如此，墨人將這篇文章收入了《張本紅樓夢》，並緊列於《張本紅樓夢．序》之後）。也正是因為深入的探索研究，墨人發現了《紅樓夢》中存在的一些問題：

> 我知道《紅樓夢》有不少缺點，因為《紅樓夢》是一部大書，千頭萬緒，照顧不周。而最大的毛病是人物的年齡問題，景物時序問題等等。此外章回之間有很多需要前後調整，回目也有幾處應該更改。（註三）

問題的發現當然不是墨人對前人的苛責；相反，作為一個深深體驗過創作甘苦的人，墨人十分理解問題的原因所在，十分同情、尊敬曹雪芹。正如他在《張本紅樓夢．序》中指出：曹雪芹窮愁潦倒，費時十年、增刪五次，可謂苦心經營。但他最終畢竟沒有留下一部完整的《紅樓夢》來。後經傳閱抄錄，坊間「繁簡歧出，前後錯見」，出現矛盾紕繆是必然的事。像《紅樓夢》這樣一部篇幅巨大的傑作，千頭萬緒，即使出自曹雪芹一人之手，也會有照應不周的地方。即使如此，《紅樓夢》當然仍然不失其偉大。但是，正是這些問題的發現，觸動了墨人修訂《紅樓夢》動機：「對於這一偉大的傑作，既然發現它有一些瑕疵，為甚麼不再花些時間修訂一下，使它更完美呢？」（註四）

七○年代中期，臺灣文藝為「洋癲瘋」所困，墨人不願流為文丐，意欲停止創作。其時，他潛心做了兩件事。一件是研究中國文化，另一件就是修訂《紅樓夢》。墨人自然知道修訂、批註《紅樓夢》是一件「很不簡單」的事，也是一件「吃力不討好」的事。事實上，挑《紅樓夢》毛病的人也不少，但一直沒有人出來修正這些毛病。墨人卻帶著一個中國作家的使命意識、藝術追求與奉獻精神，義無反顧地認真地做了這件「吃力不討好」的事。

至於修訂得是否完善盡美，墨人是坦蕩的。他說：「我不敢講那種大話，我祇是盡心盡力而為，同自己創作時毫無兩樣。如果我修訂、批註能對前輩曹雪芹和以後的讀者有些微的貢獻，我也就心安了。」又說「我祇是盡其在我，但成功不必在我，因此毀譽亦在所不計。」（註五）

墨人先生說，《紅樓夢》篇幅巨大，千頭萬緒，修訂可真不容易。墨人對《紅樓夢》做了怎樣的修訂、批註呢？

一是章回之間的調整。《紅樓夢》的整個結構，墨人認為天衣無縫，絲絲入扣，毫無破綻，是動不得的。但是，由於受「章回體」的影響，「有些章回之間界限不清」。為了使各章回的內容更完整，章回之間的界限更清晰，因而，章回之間「凡是跨前延後」的有關內容，墨人都一一做了調整。另外，「欲知後事如何，且聽下回分解」之類的「俗套」，墨人也「一概取消」，另行銜接。

譬如，《紅樓夢》第一回，寫「甄士隱夢幻識通靈，賈雨村風塵懷閨秀」，寫到賈雨村新當了縣太爺，差人傳話要見甄士隱，這時，甄士隱已出家一、二年了，卻把甄的岳父封肅嚇得目瞪口呆。至此，第一回就結束了。接下來，《紅樓夢》繼續寫了賈雨村如何見到封肅，如何善待他，又如何娶了甄家娘子丫環嬌杏作二房等等。這些敘寫都是第一回「賈雨村風塵懷閨秀」的內容，而與第二回「賈夫人仙逝揚州城」沒有牽連。但《紅樓夢》沒有把它們放在第一回結尾，而是放在第二回開頭。對此，墨人在一二回之間作了調整，為使內容與回目吻合，將第二回前面的這段敘寫移到第一回的結尾，並在銜接文字上略作刪節。

據粗略統計，墨人的《張本紅樓夢》約有四十多處在章回間作了類似的前後「移動」，還對四十多處的銜接文字作了刪節。

二是回目的修訂。墨人修訂《紅樓夢》部分回目，主要是「針對內容，更改回目」，使它有「暗示性、代表性」，使內容與回目一致。

譬如，第十四回，原來的回目是：「林如海靈返蘇州郡　賈寶玉路謁北靜王」。《張本紅樓夢》將這一回回目改為：「王熙鳳威震寧國府　賈寶玉路謁北靜王」。為甚麼這樣改？一是這一回中寫鳳姐管理寧國府的內容，遠遠比寫林如海靈柩返回蘇州的內容多。二是作為人物形象，鳳姐在這一回的地位，也比林如海重要得多。在這一回中，寫林如海靈返蘇州祇是一段話的交代：賈璉打發昭兒從蘇州回來，鳳姐問他回來做甚麼？昭兒道：「二爺打發回來的，林姑老爺是正月初三巳時歿的。二爺帶了林姑娘，同送林姑老爺的靈到蘇州，大約趕花期回來。二爺打發奴才來報個信兒……」僅此而已。顯然在敘寫中，林如海的地位微不足道。相反，王熙鳳的描寫在這一回卻有無比的重要性。王熙鳳到寧國府料理秦可卿的喪事管理內事，卻寫得有聲有色而詳細入微。先以烘托之筆，寫寧國府總管賴升聽說鳳姐要來，便傳齊同事人等，告知大家王熙鳳「是個有名的烈貨」，並叮囑大家「小心伺候才好」，藉此造勢，顯示鳳姐之聲威。繼寫鳳姐處事分派得體麻利又臉酸心硬。點名時有一個人因遲到求饒，她卻來個殺雞儆猴：「明兒他來遲了，後兒我也來遲了，將來都沒有人了！本來要饒你，祇是我頭一次寬了，下次就難管別人了，不如開發了好。」頓時放下臉來，叫：「帶出去打他三十板子！」很快，一個亂糟糟的寧國府，一下就被鳳姐整下來了。因此，墨人說：「這樣的王熙鳳在第十四回中豈可不佔半個回目？」所以，他將第十四回回目中的「林如海靈返蘇州郡」改成「王熙鳳威震寧國府」，以使這一回的回目與敘寫的內容吻合一致，使王熙鳳這個重要人物更為醒目。

關於回目的修訂，《張本紅樓夢》一共有四處：第十四回、二十八回、三十一回、一百零五回。

三是重新分段分行。這主要是為了現代讀者，特別是年輕讀者的閱讀方便。舊章回小說往往不分段分行，甚至也不講究標點。現在流行的《程乙本紅樓夢》雖然有了標點，但分段分行還是注意不夠。為了適應現代閱讀的需要，使作品讀起來更清爽更親切，墨人除了採用新式標點符號外，還採用現代小說分段分行的方式對《紅樓夢》進行了標點與分段分行。在分行中，特別把對話獨立出來，不管句長句短，一律如此。

四是勘誤。《紅樓夢》因曹雪芹過早逝去，沒有留下一部完整的手稿。《程乙本紅樓夢》雖經程偉元、高鶚之力校補，矛盾紕繆之處仍有不少。對此，墨人都一一作了勘誤。這些勘誤，大致有四類。

第一類是關於時間節氣上的。譬如第十一回，寫老太太在「天氣又涼又爽、滿園的菊花盛開」時吃了大半斤桃子，吃壞了腸胃。墨人指出，這是時令與果子不對。「初夏桃子怎麼保留到秋天了？」「在菊花盛開的時候桔子倒是有的。」因此，他將「吃桃兒」改為「吃桔子」，並由此相應做了其他的改動，以求一致。諸如此類的勘誤，大約有十來處。

第二類是關於景物的。譬如第二十六回，寫怡紅院景物有「兩隻鶴在松樹下剔翎」，這與第十七回和三十六回關於怡紅院「芭蕉」的敘寫景物不一致。由此，墨人將「松樹」改為「芭蕉」，以補疏忽。《張本紅樓夢》中的這類勘誤，僅此一處。

第三類是關於稱謂的。第八十六回寫薛蝌為薛蟠打官司，呈文時說：「竊生胞兄薛蟠……」

事實上，薛蟠是獨子，他和薛蝌應是堂兄弟關係，所以「胞兄」是「堂兄」之誤，故改「胞」為「堂」。《張本紅樓夢》諸如此類的勘誤，亦近十來處。

第四類是關於年齡生日的。按墨人說，《紅樓夢》的人物年齡是讀者最感困惑的地方，也是他修訂《紅樓夢》最頭痛的問題，因為人物年齡前後矛盾的地方很多。

譬如黛玉與寶玉的年齡。第二回寫黛玉「乳名黛玉，年方五歲」。一年後，她去外婆家賈府，該是六歲多。第四十五回黛玉自道：「我長了今年十五歲……。」這一年歲次辛亥，而「五歲」那一年，歲次戊申，但由此推算戊申那年黛玉就該是十二歲，到賈府，就該十三歲。

到底那一個正確呢？墨人認為黛玉在戊申那年應該是十二歲，才比較合情理。他講了四點理由：其一，第三回她進賈府，作品對她的描寫是少女而不是小女孩子：「眾見黛玉年紀雖小，其舉止言談不俗，身體面貌雖弱不勝衣，卻有一段風流態度，便知她有不足之症。」其二，這一回寶玉初見黛玉，從他眼中看到的黛玉也是一個情竇初開的少女：「寶玉早已看見了一個裊裊婷婷的女兒，便料定是林姑媽之女，忙來見禮。……祇見：兩彎似蹙非蹙籠煙眉，一雙似喜非喜含情目……。」其三，黛玉說：「……在家時記得母親常說，這位哥哥比我大一歲，小名就叫寶玉……。」第三回黛玉初見寶玉時，從她的眼中所看到的寶玉則是一個「青年公子」：「及至進來一看，卻是位青年公子。頭上戴著束髮嵌寶紫金冠，……。」按寶玉是一個「青年公子」，又大黛玉一歲推算，黛玉到賈府時也應是十三歲，而寶玉其時當是十四歲。其四，第五回寫寶玉在秦可卿床上初遊太虛幻境與警幻仙姑的「妹妹」行「雲雨」之事，以及隨後第六回又與襲人「初試雲雨情」，也明顯顯示寶玉是一位「青年公子」，可做補證。因此，墨人將黛玉進賈府定在十三歲，寶玉其時則十四歲。並以此為基礎，相應改訂了與此有矛盾的許多地方，並由此類推確立出寶釵、襲人、晴雯、香菱等人年齡。

《張本紅樓夢》中，類似的改動還有不少。

五是眉批、尾註。這是輔助閱讀的工作。

眉批是墨人修訂、批註《紅樓夢》的重要部分。墨人是一個有長期寫作體驗的作家，他從更好地接受這部偉大文學遺產出發，從文學創作的角度入手，結合自己的寫作體驗，通過眉批方式，對《紅樓夢》的人物描寫、故事結構、文學思想、作品主題，以及修訂方面，作了許多評點與分析。目的在於幫助讀者，尤其是年輕讀者更好地閱讀《紅樓夢》。這些眉批總共約有四百七十多條，以區別正文的小楷體字並加上方框列在所批文字的旁邊，十分醒目。

尾註，列在每個回目的後面，是對正文中的一些生僻詞語或方言的當代化、通用化的解釋。細算下來，至少也有五六百條，同樣傾注了批註者大量的心血，目的同樣也是助讀（墨人註：尾註非本人之力，不能掠美，究係何人功德？不得而知）。

除了眉批、尾註之外，《張本紅樓夢》正文前，還附有一張《紅樓夢賈府人物系統圖》、〈紅樓夢人物提要〉（墨人註：人物系統表、人物提要亦係沿用，非本人之力，究係何人功德？亦不得而知。包括主角賈寶玉、林黛玉、薛寶釵，十二金釵，榮寧二府本支人物、幻異人物）、〈論曹雪芹思想與紅樓夢寫作技巧〉，以及墨人的〈序〉等。所有這些，都是墨人為了幫助當今讀者，特別是年輕讀者閱讀《紅樓夢》、理解《紅樓夢》，從而更好地接受這部偉大的文化遺產所特別用心做下的工作。它們集於一書，顯示了《張本紅樓夢》所特有的面貌。

經過墨人所修訂、批註的《張本紅樓夢》是否「完善盡美」，時間和廣大讀者自有公論，現在不必急於下結論。但，墨人為此所做的許多方面的工作，的確誠如他自己所談，「都很不簡單」（註六）。其中，的確有不少令人感動或發人思考的東西。

首先，值得重視的，是他研讀《紅樓夢》的那份執著認真和那種非同一般的態度。

在中國，乃至全世界，推崇《紅樓夢》的人當然不少，但是像墨人那樣摯愛著那樣精細的研讀者，恐怕並不很多。精研者中，像墨人那樣注重從文學創作的角度，而不是考據的角度接受和繼承這部偉大的文學遺產者則更少。從文學角度研究《紅樓夢》的又以專事文學評論或教授者居多，而像墨人作為一個作家這樣面對《紅樓夢》的恐怕是少而又少了。大陸當代作家中，好像祇有王蒙等少數幾位作家研讀《紅樓夢》的成果產生了一定的影響。墨人曾幽默自道：「捧《紅樓夢》的話我說得比任何人都多。」就作家層面而言，這話看來並非「言過其實」。這種情況清楚地表明，在接受繼承《紅樓夢》這份偉大的遺產的事業中，我們的作家從文學創作角度所做出的努力與成果還十分有限，與《紅樓夢》的考證和理論批評相比，是很不相稱的。顯然，這是一種缺憾。繼承《紅樓夢》遺產，從一定的角度講，作家與創作層面的繼承應該是主體，至少是一個很重要的方面。由此觀之，墨人強調和呼籲《紅樓夢》研究的正確方向，應當回到《紅樓夢》文本本身，回到文學本身，是必要的，也是值得重視的。

墨人在這方面是一個自覺的先行者。他在這方面做了多種努力嘗試，取得豐碩成果。

其一是研究成果——即一部十幾萬字的《紅樓夢的寫作技巧》和一批論文及演講。

其二是研究與寫作結合的成果——即上述《張本紅樓夢》。

其三是創作成果——即一部一百六十多萬字的大長篇小說《紅塵》。這部小說，寫於八〇年代中期，是墨人退休後潛心寫出的作品，是墨人文學作品中最具代表性的宏篇巨製。大陸和臺灣都先後出版了這部小說（墨人註：大陸由黃河文化出版社出版的前五十四章樣書，因無書號，未正式發行），出版後產生了廣泛的影響。像《紅樓夢》的視角一樣，《紅塵》就是通過一個家族的視角，以作者對中國文化的獨到見解與見識，將近百年中華民族的深重苦難與人間世態炎涼，史詩般地展現出來的。這部小說，在諸多方面，深得《紅樓夢》滋補。著名作家雁翼在大陸版《紅塵．序》中介紹：居在舊金山的謝冰瑩老人說：「《紅塵》可以和林語堂風行歐美社會的長篇小說《京華煙雲》相比，甚至稱《紅塵》是《紅樓夢》第二。」的確，《紅塵》可以說是吸足了《紅樓夢》養份而開出的艷麗花朵。

所有這些實績與成果都清楚地表明，墨人的《紅樓夢》研讀，的確「回到了文學本身」，「回到了《紅樓夢》文本本身」。儻若我們的作家中，至少是些表示十分推崇《紅樓夢》的作家中，假如能多有幾個人像墨人這樣來「捧」《紅樓夢》，那麼，這塊園地上的花朵一定比現在繁榮美麗得多。

其次，墨人修訂、批註《紅樓夢》的器度與魄力，也確實令人感動。

墨人明明知道《紅樓夢》是不可企及的傳世傑作。他多次在分析介紹《紅樓夢》的思想與寫作技巧中，稱其思想深刻，具有深厚的中國文化傳統；稱其結構布局、匠心獨具，絲絲入扣，呼應伏筆，不同流俗；稱其故事平實近人，但由於作者的高明，生活細節中，卻表現了深刻無比的人性，空靈灑脫的人生境與哲學思想；稱其語言運用爐火純青，獨步古今，充分發揮了中國語言的特性和優點，活靈活現地刻畫出了各種人物的形象、心理、性格，簡直妙到毫顛，出神入化。面對自己這樣崇拜的一部傑作，以及它的廣泛深遠的影響，墨人也明明知道，修訂很有可能是一件「吃力不討好」的事。弄不好很有可能招致「標新立異」、「吹毛求疵」或者「掠美」之譏。還對一個作家的聲譽，尤其是一個具有影響的作家的聲譽來講，不能說不是重要的。為了《紅樓夢》更完美，為了「貢獻愚者一得」，為了現代讀者讀起來更清爽親切，墨人「毀譽在所不惜」，還是決意選擇了艱難的「修訂」、「批註」。明知山中有虎，偏向虎山行。沒有寬宏的器度與堅毅的魄力是跨不出這一步的！

再次，墨人修訂、批註《紅樓夢》的眼力、功力與底氣，也是值得我們作家，特別是青年作家看重的。

「瑕疵」的發現，章回之間的調整，回目的修訂，年齡的推算，錯誤的勘正，以及大量的眉批，不僅涉及到寫作技巧上的種種知識、體驗和駕馭能力，而且大量涉及到天文、地理、曆法、物產、氣候、社會、人生、文化、人情、風俗等廣闊領域的種種知識。如果沒有廣博的見識，沒有豐富的閱歷及人生體會，沒有大量的創作實驗與體驗，沒有由此而來的眼力與功力，這些修訂、批註工作是不可能完成的，更不可能做得如《張本紅樓夢》那樣精細。譬如寶、黛的年齡問題，如果沒有中國傳統的曆法推算知識，沒有中國傳統的服飾知識、沒有青年男女的心理、心態及其描寫的把握，這個問題很可能發現不了；或者即使發現了，也無法做出正確推算，也就更用不著說修訂了。又如《張本紅樓夢》，那四百七十多條眉批，更集中體現出墨人作為一個作家閱讀《紅樓夢》的種種體驗和獨到的眼光。諸如此類，這樣的眼力，這樣的功力，這樣的底氣，對於一個作家，的確是不可多得的難能可貴的，但又是應該具備的。

註一：關於高鶚「輯補」《紅樓夢》說，墨人先生在其著〈三更燈火五更雞，撥亂反正說紅樓〉一文中說：「我祇相信『輯補』，不相信『續寫』，因為凡是從事小說創作的作家都知道，小說創作是個別作業，不能假手他人，即使故事可續，風格絕難一致。《紅樓夢》後四十回與前八十回並沒有格格不入的毛病。」

註二、三：參看墨人《山中人語》，第二四七～二五六頁、第一三頁。

註四：《張本紅樓夢．序》，第二頁。

註五：《張本紅樓夢．序》，第二頁、第三二頁。

註六：《張本紅樓夢．序》，第三二頁。

原載一九九八年，《九江師專學報》，第三期〈墨人研究〉專欄

作者為該校教授、校長辦公室主任，華中師範大學訪問學者

墨人校對後記

《紅樓夢》是中華民族最珍貴的文學遺產，曹公之外也有後人的點滴心血。我的修訂、批註祇是奉獻愚者一得，希望使《紅樓夢》「更完美」。《白雪青山》、《紅塵》、《娑婆世界》等長篇小說才是我自己的創作。《紅塵》在字數方面遠超過《紅樓夢》，評價方面可參看畫餅樓主與廣州暨南大學教授潘亞暾先生等鴻文。癩痢頭的兒子是不是自己的好？對中華民族的文化、文學是正是負？有待有心讀者判斷。曹公後先有程偉元、高鶚兩位知音竟其全功，兩百年後又有在下竭盡棉薄使成完璧。但西風壓倒東風已經一個世紀，國人已成中國文化文學的破落戶，失去了國粹，也迷失了文化方向，「新新人類」更「數典忘祖」。我生不逢辰，有生之年恐難目睹《紅塵》、《娑婆世界》在大陸出版。現在兩岸同胞都愛吃麥當勞「漢堡」，忙著賺大錢、發大財，都想做美國大投機家索羅斯，靠電腦成為世界首富的蓋茲。現在大陸一般青年多不識正（繁）體字，不大能讀古典文學作品和史、哲典籍，臺灣「新新人類」既不讀《紅樓夢》，也難讀懂《紅樓夢》。我死後自然更難「鹹魚翻身」，不會像曹公一般「走死運」。念天地悠悠，我雖前見古人，卻後不見來者。我又守五戒、不飲酒，不能像鄉先賢陶淵明、詩仙李青蓮，一醉解千愁。祇好「蜻蜓食其尾」，自己喝自己的血、喝自己的淚了。

新聞與文學

墨人

編者按：本文係墨人教授應邀赴美，在「美國中文新聞通訊電視電臺記者協會」主辦的「全球中文新聞傳媒學術交流研討會」中的演講全文，由美寄來本報，特獨家分期發表，以饗海峽兩岸讀者。

新聞文學雙玉樹，
綠葉扶持錦上花。

新聞記者首先必須具備寫作才能，而且要有倚馬之才，下筆快捷，一揮而就。不論是新聞稿件、特寫、專題報導、社論，都要搶時間，分秒必爭，不能慢吞吞。不具備這種條件，就不能當文字記者、編輯人員。今天與會的諸位女士、先生，都是個中高手、老手，人人都是高才、長才。因為記者具備了這種先天優勢，所以很自然地會走上作家這條道路。不過記者與作家的工作性質、因素稍有不同。不同的是：

一、記者必須搶時間；作家可以搶時間，但是不必搶時間。

二、新聞報導、評論與文學創作的性質不同。新聞報導評論，必須依據事實、人、時、地等先決條件客觀撰寫，必須忠實、準確，不能偏頗。而文學作品是表現自我的，表現作者的內心世界，不必依據事實、人、時、地等先決條件來寫。而小說且多為虛構(fiction)，作者可以依據事實，但人、時、地可以完全不同，更可以完全虛構。所以作家揮灑的空間很大，記者揮灑的空間較小。因此，作家更能表現才華。

三、記者行動多於思考，作家可以長年思考而不必行動。

四、記者較少能依據個人的好惡、意志、自由寫作，盡情揮灑，作家雖然也受客觀條件限制，但可以完全自由寫作，甚至作白日夢亦無不可。

基於以上四種不同的性質、因素，和我個人愛幻想、思考、好靜不好動的性格，經過新聞、文學先後二十年的互動關係，我決定了終身走文學創作這條路。

記者生涯不是夢，
點點滴滴在心頭。

民國二十八年秋，抗日戰爭十分艱苦的時候，我從軍校畢業，也同時考取中央訓練團新聞研究班第一期，接受新聞專業訓練，同期的同學有留日的詩人覃子豪等留日學生，以及剛由政大、復旦大學新聞系畢業的馬志鑠、邵德潤、楊先凱等。那時前線浴血抗戰的官兵，不但武裝不如日軍，精神食糧更十分貧乏，我和覃子豪是第一批派赴第三戰區前線提供官兵精神食糧的新聞尖兵。第二批派赴前線作新聞尖兵的有現在在會場的第二期學長、現任中華新報社長的陳洪鋼兄。後來他放下筆桿成為反攻緬甸，出生入死，創造輝煌勝利的遠征軍校級指揮官，抗戰英雄。來臺灣他又擔任裝甲兵旅長，可以說是文武全才。

抗戰時作戰地新聞尖兵，十分艱苦，物資十分缺乏，前方官兵看不到報紙，我初到戰地祗能靠一臺收音機收聽中央廣播電臺的新聞，我在凍指裂膚的嚴冬，親手寫鋼版油印簡報送到最前線官兵手中，後來我與地方報社熟了，主動義務為報社編第一版要聞，出報後，再換一個《掃蕩簡報》報頭加印我們所需要的報份，仍由軍方按編制單位送到最前線給官兵閱讀，我在贛東北前方作了兩年的新聞尖兵，因結婚的關係才轉到後方新聞界工作，大多時間在蔣經國先生主政的贛州，當時贛南各縣先後創辦了四開報紙，我也在崇義創辦了《公理報》，崇義產紙，《公理報》比後方各地的報紙紙張都好，重慶的各大報紙更不能比。當時贛州有三大報，即《正氣日報》、《贛南民國日報》、《青年報》。後來我又在《贛南民國日報》編輯部工作了一段時間。那時日軍日夜空襲，夜間放警報時停電，我們便將窗口用黑布遮住，以臘燭、油燈照著編輯國內外重要新聞，白天照常出報。可是我通宵工作，白天又不能睡覺，要跑到郊外去躲警報，長期睡眠不足，營養不良，心臟咚咚跳個不停，如果不是日軍攻佔贛州，我長途逃難，我一定會死在編輯桌上。逃到贛東北樂平以後，我又進入當地《長江日報》編第一版要聞，美軍在廣島投下第一顆原子彈的新聞就是我親手編的。當時中央社特派員曹聚仁先生和我都不明白這是甚麼炸彈？怎麼會有那麼大的威力？曹聚仁、鄧珂雲夫婦，是我在民國二十八年冬天在撫州前線認識的，我們從贛州先後逃到樂平（在贛州時我們常在編輯桌上碰頭，他能一面和我談話一面寫方塊文章），他們的女公子，以演「李香君」一角紅透大陸的名表演藝術家，同時是作家的曹雷，那時才三、四歲。

抗戰勝利後，國防部在南京成立軍聞社，社長是我在新聞研究班的同期學長楊先凱。他原是復旦大學新聞系畢業的，因此，我便進入軍聞社編輯部工作。後來軍聞社遷到廣州，他要我同他一道去重慶主持編輯部。我因一家六口，不能同去，乃來臺北參與籌設分社工作。但時局瞬息萬變，楊先凱學長在重慶下落不明，經費來源自然斷絕，我便在二期學長楊鳴濤的推薦下任臺北市《經濟快報》主編（後該報易名《經濟時報》，為《聯合報》組成份子之一），但該報經費十分困難，不但薪水無著，連夜點費都成問題。我一家六口住在萬華一家小旅館內，實在撐不下去，自編了八夜報紙，睡了八夜編輯桌，乃南下左營任海軍總部祕書，三年後調任左營軍中廣播電臺副臺長，並負責審稿。又三年後臺長高升，上級要我接任，我因道不同，不相為謀，堅不接受，乃輾轉調任國防部總政治部參謀，主辦三軍報刊業務，當年的《青年戰士報》即軍中報刊之一。後來我又調任軍聞社資料室主任，重作馮婦，民國四十九年，我自動請求假退役，以免擠入官路，並專心寫作。

此後我當了七、八年的職業作家，埋頭寫作，寫了二十幾本書，培植了五位子女到大學畢業，次子並獲美國華盛頓大學化學工程博士學位。

後來國民大會創辦國內唯一的大型的《憲政思潮》學術專刊，高稿費、高水準，我又應邀專任該刊編輯工作，長達十八年（同時兼任東吳大學中文系副教授更長達十九年），後四年任資料組組長兼圖書館長，主管全盤出版、編輯、及圖書業務。為了創作一百多萬字的大長篇小說《紅塵》，我不願延至七十歲退休（當時國民大會、立監兩院簡任級主管多延至七十歲退休），六十四歲時曾三次請求退休不准，六十五歲時則不能強留而依法退休。我這一輩子的工作，不論在任何崗位，均與編輯、文學結不解之緣。

如果當初我不是進入新聞界工作，我可能不會終生從事文學創作，不論是外勤記者、內勤編輯，都比其他的工作有更多接觸文學的機會。更多的認同，因為我們的中文報紙有一大特色，就是文學佔了很重要的地位和相當大的篇幅，抗戰時期如此，現在亦然。尤其是臺灣報紙副刊，四、五十年來一直如此，過去的雜誌，也有不少文藝篇幅，大陸的報紙副刊雖然沒有臺灣的報紙的篇幅大，但文學雜誌相當多。報紙副刊和文藝雜誌可以說是「文學的溫床」，而記者、編輯和作家的同性質也高於其他行業，因此，我十分自然走上文學創作這條不歸路。這條路已經走了七十年，我會一直走到老死。與我年齡相近的作家老早停筆了，但我今年還完成了《墨人詩詞詩話》、《全宋詩尋幽探微》兩書，最近我還完成另一部長篇小說《娑婆世界》。

但是文學這條路不是康莊大道，作家所遭遇的挫折，比記者、編輯都多得多，其中的變數太大、成就感太少，尤其是一位有文學良心的作家，所遭遇的挫折更大。因為作家往往受非文學因素、外在的干擾影響很大，那是作家本身沒有能力克服的。作家必須有百折不撓的堅強意志，才能堅持下來，很多作家往往半途而廢，或是出一兩本書就不再寫，就是作家的誘因太少，阻礙的力量太大。其中有兩股最大的阻礙力量：一是創作、出版尺度太緊；一是商業化；另外還有盲目崇洋媚外一窩蜂，使文學異化。文學是植根於作家生存的歷史文化傳統中的一種精神活動，需要海闊天空，需要光風霽月，才能寫出高品質的理想作品。同時文學作品在本質上就不是商品，文學作品一商業化，必然庸俗、淺薄（文學作品一失去民族文化、歷史特性，便成為無根的浮萍）。這都是文學的致命傷，作家的殺手。

以拙作大長篇《紅塵》（手稿一百六十萬字，以四本書的版面計算，則近兩百萬字，超過《紅樓夢》、《戰爭與和平》[illegible]十萬字）來講，我構思了十四年才動筆，可是那時的報紙副刊連短篇小說都很少刊登，也很少人寫，更別談大長篇了。出版界早已流行輕、薄、短、小，短篇小說都不肯出版，更別談大長篇了。我不是不知道這種情形，但我反而放棄延任，待遇穩定，優渥的職務，寧願拿七成八乾俸的月退休金，而專心寫作。朋友好意相勸要我不要做這種傻事，遠在舊金山的三〇年代作家謝冰瑩大姐，看了《中央日報．副刊》我寫的〈三更燈火五更雞〉短文，更飛函勸我愛惜身體，不要拚老命，我還是照寫，因為我有不完成這部作品死不瞑目的決心。雖然寫到半途還是出了毛病，幾乎中風，住院治療一週之後我又接著寫，寫到九十二章，眼睛又出了嚴重的飛蚊症，人也精皮力竭，共寫一百二十萬字，祇好暫告一段落，等以後再寫完一百二十章。我先將九十二章寄給《中央報紙．副刊》探路，編者很想發表，但主編覺得要登兩三年，時間太久希望我濃縮為五十萬字發表，我不同意，後寄《新生報副刊》，他們也以篇幅太長，考慮很久，商議多次，才決定發表，連載了一千零三十七天，讀者反映很好，但報社不敢出版，因為怕賠錢。後來新任社長邱勝安先生，力排眾議，甘冒風險，終於在八十年二月出版了一套三大冊，兩千部，該社沒有發行網路，全靠函購、面購，半年後，接任社長葉建麗兄才交由一家書報社送臺北金石堂少數書店經銷，第一版六千冊很快銷完，書報社和報社都賺了不少錢，接著印第二版，葉建麗兄還要我趕寫一百二十章，我用了五個月零五天時間寫完了，手稿四十多萬字，報社隨即發表，於民國八十二年出版，一共四大冊，以版面計算長近兩百萬字。一椿心願終於完成。這真是一大異數。

廣州暨南大學教授潘亞暾先生，看了《紅塵》第二版上、中、下三卷九十二章之後，寫了一篇評論，題為〈凌雲健筆意縱橫——民族浩劫的偉大史詩《紅塵》讀後〉，文中指出：「墨人史識遠超曹雪芹，視野廣於曹雪芹，關懷民族命運更非曹氏所能比。」又說：「墨人早生二百年，也未必會寫出《紅樓夢》；曹雪芹晚生二百年，就肯定寫不出《紅塵》！」我與潘教授無一面之緣。

北京文聯出版公司編者看了《紅塵》上、中、下三卷之後，也打算出版，但格於現實環境，特別將刪節之處列表寄我，徵求同意，因有損結構及原作氣勢、韻味，我未同意，這是一九九三年的事（該公司先出了我的《紅樓夢的寫作技巧》和另一長篇《春梅小史》）。以後又有別的出版社想出版，也是卡在刪節問題上，未經審批，誰也不敢出版。憑良心說，書中我還有不少保留，並未依據事實振筆直書，我祇是本著文學良心，寫歷史真相，以填補歷史空白，不然我這一代的作家，不能向後代子孫交代。三十年代的作家交了白卷，這是中國文學的一大損失，無可彌補。在我有生之年，《紅塵》恐怕不可能出大陸版。我期望中華民族的文學良心的自然覺醒，在下一個世紀的某個年代，十多億同胞有機會看到《紅塵》，因為它是寫中華民族一百年來歷經浩劫的文學作品。

我三十年前出版的另一部在《中華日報》連載的長篇小說《白雪青山》北京京華出版社倒是連出了兩版，在臺灣先出過三版。一九九八年十月二十七日的臺北民生報許昌平先生《書的啟示》欄專訪經濟部次長尹啟銘先生一文，承作家郭嗣汾兄看後剪寄給我，節錄如下：

民生報

中華民國八十七年十月二十七日／星期二

《書的啓示》

尹啓銘看〈白雪青山〉嚮往空靈脫俗的意境

●念交大時主修計算機控制工程，曾當過最年輕工業局長的經濟部次長尹啟銘，是個愛書人，他看的大多是充滿文藝氣息的小說，包括了司馬中原的「狂風沙」、墨人的「白雪青山」、陳之藩的「劍河倒影」、紀曉嵐傳、孤獨紅的武俠小說、鹿橋的「未央歌」、及三國演義等。

尹啟銘說，他很欣賞有智慧又有幽默的人，像諸葛亮的計分三國，紀曉嵐反應很快，年紀越大越像小頑童，都對他的為人產生一定影響。此外，他很喜歡看武俠小說，不過，他最愛孤獨紅的武俠小說，共收藏了上百本。

尹啟銘說，除了小說外，他也很喜歡讀散文，其中有本復興書局出版的散文集是他的最愛，這本散文集已經絕版了，但是到現在他再也找不到一本散文集比得上它，書中有個小故事：他在念台南一中時很認真學英文，當時英文課本是由復興書局出版楊景邁所寫的高中英文，由於是首版，編排並非盡善盡美，他從書中挑出了一些錯誤寄回復興書局，最後復興送他一本散文集致謝，這本就成為他最喜歡的散文集。

不過，如果一定要選出一本書，尹啟銘選擇墨人的「白雪青山」。他說，他從小就是看中華日報副刊連載的「白雪青山」長大的，到如今他對書中描寫男女主角大雪中私奔到廬山，躲在山中別莊，與儒、釋、道、傳教士等流交往，那種大雪封山、天地蒼茫、各家思想交錯、空靈脫俗的感覺，記憶猶新，且很嚮往那種意境。尹啟銘的辦公室收藏了很多飛機模型，也許是難忘那種悠遊白雲、自由自在的感覺吧！

（許昌平）

四十多年前的拙作，一位科學家院長，居然還記憶猶新，在這個一切向錢看的社會，也是一大異數。

我創作七十年，共出版有《全唐詩尋幽探微》、《全唐宋詞尋幽探微》、《紅樓夢的寫作技巧》、《白雪青山》、《墨人半世紀詩選》、近兩百萬字四大冊的大長篇《紅塵》、《紅塵心語》、《大陸文學之旅》，修訂、批註的《張本紅樓夢》等五十多種，約二千[illegible]萬字。

一九六一、六二年，即連續以短篇小說與諾貝爾文學獎得主威廉福克納（William Faulkner）、拉革克菲斯特（Par Lagerkvist）、郭沫若等同時入選維也納納富（Neff）出版[illegible]公編選的《世界最佳小說選集》。其後又列入英、美、義、印度等國出版的《國際詩人名錄》、《國際作家名錄》、《國際文學史》、《世界名人錄》、《二十世紀傑出成就人物》、《二十世紀五百位有影響力的領袖》，以及大陸出版的十六開巨型中文本的《世界華人文學藝術界名人錄》、《世界名人錄》等三十餘種。

一九八八年曾獲美國國際大學基金會授予榮譽文學博士、一九九〇年美國艾因斯坦國際學院基金會授予榮譽人文學博士、一九八九年美國世界大學授予榮譽文學博士、英國劍橋國際傳記中心並禮聘為副[illegible]

一九九一年，《紅塵》同時獲行政院新聞局著作金鼎獎及嘉新水泥公司文化基金會優良著作獎，中國廣播公司《小說選播》節目並於民國八十一年十二月一日起連續廣播《紅塵》六個多月，臺北廣播電臺又於民國八十四年一月起選播《紅塵》全書四冊。

一九九三年，大陸武漢市「中國當代作家代表作陳列館」設立豪華典雅的「墨人作品專藏室」，長期陳列展覽拙作；一九九五年，英國劍橋國際傳記中心頒贈「二十世紀文學傑出成就獎」。

一九九八年，英國劍橋國際傳記中心又頒贈「二十世紀文學與人文學傑出貢獻獎」，美國傳記學會頒贈「二十世紀最可欽佩的文學成就與社會貢獻獎」，江西省九江市師專成立「墨人文學研究中心」[illegible]。但過去的已經過去了，未來的文學前景如何？我不敢樂觀。我個人的新長篇《娑婆世界》何年何月才能出版，更祇有天知道。其原因有二：

一、科技的快速發展，產生了電視、電腦、機器人、電視新聞比報紙新聞傳播更快，電腦、機器人，也使人少用腦筋，少用氣力。因此，人的知識愈來愈廣，自己又可以省下不少腦力，連文學作品也不願看，因而自我思考的時間也就愈來愈少了。而哲學、文學更需要思考、反芻，不能撿別人的便宜、成果。文學與哲學唇齒相依，文學如果沒有哲學思想支撐，必然淺薄。電腦、機器人不可能成為哲學家、文學家。美國是科技最發達的國家，但產生不出老子、釋迦牟尼佛、孔子那樣的哲人，那樣的大思想家，也產生不出曹雪芹、托爾斯泰那樣的大作家，美國除了文化遺產不足，缺乏東方哲學思想基礎之外，個人的思考時間、深度不夠，也大有關係。科技對哲學、文學會產生排擠效應，但電腦絕對寫不出《紅樓夢》、《戰爭與和平》和拙作《紅塵》，自然更寫不出老子的《道德經》、釋迦牟尼佛的《金剛經》，也寫不出孔子的《論語》，機器人也不可能成為老子、釋迦牟尼佛、孔子。但它們的排擠效應會產生不良的後果，使物質文明與精神文明失去平衡，在文學方面，因為作家的哲學修養不足，作品自然顯現出思想貧乏、淺薄，徬徨、失望、矛盾，其所以如此，就是作家精神空虛，思想不能平衡。

二、是經濟的快速發展雖然改善了人類的物質生活，但也使人更貪婪、懶惰，看錢不看書，缺少精神修養，而去尋求感官刺激，於是出版商便以輕、薄、短、小，色情或煽情的作品去爭取他們和徬徨無主的年輕的讀者群，以假文學亂真，造成價值顛倒，是非不明。以市場佔有率、「排行榜」，作為價值判斷，因此，對文學造成了很大的傷害。

基於以上兩大原因，我特別提出一點期望和兩項建議：

一、作為文學溫床的報紙副刊，應該激濁揚清，多刊登一些有思想深度，能提升讀者思想、情操的作品。而文學作品中，能包羅萬象、深入淺出，又無過於小說，尤其是長篇小說。但近三十年來，小說已被逼進了死弄子，發表、出版都極其困難，長篇小說尤其困難。但長篇小說才是文學重鎮。《紅樓夢》、《戰爭與和平》，都是很好的典範。相形之下，二十世紀就顯得十分寒傖了！二次大戰以後，西方作家沒有寫出一部夠分量的作品。大陸三〇年代的作家也繳了白卷，不過這不是作家本身的問題，而是另有原因。報紙副刊的走向，則關係文運的興衰。二十世紀早已告終，往者已矣，來者可追，希望所有中文報紙副刊、文學雜誌，以具有思想深度，又極有感染力量的文學作品為重，開創文學的新紀元、新氣象。

二、希望美國中文新聞記者協會，能大力推動中文文學作品的翻譯工作。將二十一世紀中有價值的中文文學作品，譯成外文，諾貝爾文學獎金評審會十八位委員中，唯一懂中文的馬悅然教授就說過：「中文作品如果不譯成外文，沒有人懂，評也無法評，怎能得獎（大意如此）？全世界用中文寫作的人口很多，讀者更多，但譯成外文的少之又少，而且是以輕、薄、短、小成本低的作品為主，如大陸的「朦朧詩」即其一例。美國中文新聞記者協會如果能夠成立一個「翻譯委員會」或「小組」推動此一重大工作，翻譯質量更高的中文作品，則功德無量。

日本的川端康成之能得獎是日本政府大力推薦的。

三、新聞記者、文學作家是一而二、二而一的。記者又是最具影響力的意見領袖，但是文學作品比較不會成為「明日黃花」。記者不妨以其生花妙筆，多寫一些具有思想深度，能提升讀者情操的文學作品。真正的偉大的作家、作品，應該出自記者才對！因為我是新聞界的老兵，深知記者的生活經驗豐富，察言觀色的能力又強，對人性的瞭解很深，這都是「寫作能力」以外的另一優勢，另一寶貴的文學資產，應該好好運用，不用實在可惜！

原載臺北《世界論壇報》，一九九九年一月五、六、七日

二○○七年九月二十日墨人校訂　丁亥

二○○八年六月十六日於北投紅樓寄廬定稿

墨人博士著作書目（校正版）

書目	類別	出版者	出版時間
一、自由的火焰　與《山之禮讚》合併	詩集	自印（左營）	民國三十九年（一九五〇）
二、哀祖國　易名《墨人新詩集》	詩集	大江出版社（臺北）	民國四十一年（一九五二）
三、最後的選擇	短篇小說	百成書店（高雄）	民國四十二年（一九五三）
四、閃爍的星辰	長篇小說	大業書店（高雄）	民國四十二年（一九五三）
五、黑森林	長篇小說	香港亞洲社	民國四十四年（一九五五）
六、魔障	長篇小說	暢流半月刊（臺北）	民國四十七年（一九五八）
七、孤島長虹（全集中易名為富國島）	長篇小說	文壇社（臺北）	民國四十八年（一九五九）
八、古樹春藤	中篇小說	九龍東方社	民國五十一年（一九六二）
九、花嫁	短篇小說	九龍東方社	民國五十三年（一九六四）
一〇、水仙花	短篇小說	長城出版社（高雄）	民國五十三年（一九六四）
一一、白夢蘭	短篇小說	長城出版社（高雄）	民國五十三年（一九六四）
一二、颱風之夜	短篇小說	長城出版社（高雄）	民國五十三年（一九六四）

一三、白雪青山	長篇小說	長城出版社（高雄）	民國五十四年（一九六五）
一四、春梅小史	長篇小說	長城出版社（高雄）	民國五十四年（一九六五）
一五、洛陽花似錦	長篇小說	長城出版社（高雄）	民國五十四年（一九六五）
一六、東風無力百花殘	長篇小說	長城出版社（高雄）	民國五十四年（一九六五）
一七、合家歡	長篇小說	臺灣省新聞處（臺中）	民國五十四年（一九六五）
一八、紅樓夢的寫作技巧	文學理論	臺灣商務印書館（臺北）	民國五十五年（一九六六）
一九、塞外	短篇小說	臺灣商務印書館（臺北）	民國五十五年（一九六六）
二〇、碎心記	長篇小說	小說創作社（臺北）	民國五十六年（一九六七）
二一、靈姑	長篇小說	小說創作社（臺北）	民國五十七年（一九六八）
二二、鱗爪集	散　　文	水牛出版社（臺北）	民國五十七年（一九六八）
二三、青雲路	短篇小說	臺灣商務印書館（臺北）	民國五十八年（一九六九）
二四、變性記	短篇小說	臺灣商務印書館（臺北）	民國五十八年（一九六九）
二五、龍鳳傳	長篇小說	幼獅書店（臺北）	民國五十九年（一九七〇）
二六、火樹銀花	長篇小說	立志出版社（臺北）	民國五十九年（一九七〇）
二七、浮生集	散　　文	聞道出版社（臺南）	民國六十一年（一九七二）
二八、墨人詩選	詩　　集	臺灣中華書局（臺北）	民國六十一年（一九七二）
二九、鳳凰谷	長篇小說	臺灣中華書局（臺北）	民國六十一年（一九七二）

三〇、墨人短篇小說選　短篇小說　臺灣中華書局（臺北）　民國六十一年（一九七二）
三一、斷腸人　短篇小說　臺灣學生書局（臺北）　民國六十一年（一九七二）
三二、詩人革命家胡漢民傳　傳記小說　近代中國社（臺北）　民國六十七年（一九七八）
三三、心猿　長篇小說　學人文化公司（臺北）　民國六十八年（一九七九）
三四、山之禮讚　詩　集　秋水詩刊（臺北）　民國六十九年（一九八〇）
三五、心在山林　散　文　中華日報社（臺北）　民國六十九年（一九八〇）
三六、墨人散文集　散　文　學人文化公司（臺中）　民國六十九年（一九八〇）
三七、山中人語　散　文　臺灣商務印書館（臺北）　民國七十二年（一九八三）
三八、花雨　散　文　江山出版社（臺北）　民國七十四年（一九八五）
三九、三更燈火五更雞　散　文　江山出版社（臺北）　民國七十四年（一九八五）
四〇、墨人絕律詩集　詩　集　臺灣商務印書館（臺北）　民國七十六年（一九八七）
四一、全唐詩尋幽探微　文學理論　臺灣商務印書館（臺北）　民國七十六年（一九八七）
四二、第二春　短篇小說　采風出版社（臺北）　民國七十七年（一九八八）
四三、全唐宋詞尋幽探微　文學理論　臺灣商務印書館（臺北）　民國七十八年（一九八九）
四四、小園昨夜又東風　散　文　黎明文化公司（臺北）　民國八十年（一九九一）
四五、紅塵（上、中、下三卷）　長篇小說　臺灣新生報社（臺北）　民國八十年（一九九一）
四六、大陸文學之旅　散　文　文史哲出版社（臺北）　民國八十一年（一九九二）

四七、紅塵續集　長篇小說　臺灣新生報社（臺北）　民國八十二年（一九九三）
四八、墨人半世紀詩選　詩　選　文史哲出版社（臺北）　民國八十四年（一九九五）
四九、張本紅樓夢（上下兩巨冊）　修訂批註　湖南出版社（長沙）　民國八十五年（一九九六）
五〇、紅塵心語　散　文　圓明出版社（臺北）　民國八十五年（一九九六）
五一、年年作客伴寒窗　散　文　中天出版社（臺北）　民國八十六年（一九九七）
五二、全宋詩尋幽探微　文學理論　文史哲出版社（臺北）　民國八十九年（二〇〇〇）
五三、墨人詩詞詩話　詩詞・理論　詩藝文出版社（臺北）　民國八十九年（二〇〇〇）
五四、娑婆世界（定本）　長篇小說　昭明出版社（臺北）　民國八十八年（一九九九）
五五、白雪青山（定本）　長篇小說　昭明出版社（臺北）　民國八十九年（二〇〇〇）
五六、滾滾長江（定本）　長篇小說　昭明出版社（臺北）　民國八十九年（二〇〇〇）
五七、春梅小史（定本）　長篇小說　昭明出版社（臺北）　民國八十九年（二〇〇〇）
五八、紫燕（定本）　長篇小說　昭明出版社（臺北）　民國九　十年（二〇〇一）
五九、紅樓夢的寫作技巧（定本）　文學理論　昭明出版社（臺北）　民國九　十年（二〇〇一）
六〇、紅塵六卷（定本）　長篇小說　昭明出版社（臺北）　民國九　十年（二〇〇一）
六一、紅塵法文本　巴黎友豐（you fong）書局出版　二〇〇四年初版

附　註：

▲北京中國文聯出版社二〇〇三年出版　大陸教授羅龍炎・王雅清合著《紅塵》論專書

▲臺北市昭明出版社出版墨人一系列代表作、長篇小說《娑婆世界》、一百九十多萬字的空前大長篇《紅塵》（中法文本共出五版）暨《白雪青山》（兩岸共出六版）、《滾滾長紅》、《春梅小史》、《紫燕》、短篇小說集、文學理論《紅樓夢的寫作技巧》（兩岸共出十四版）等書。臺灣中華書局出版的《墨人自選集》共五大冊，收入長篇小說《白雪青山》、《靈姑》、《鳳凰谷》、《江水悠悠》（為《東風無力百花殘》易名）、《短篇小說・詩選》合集。《哀祖國》及《合家歡》皆由高雄大業書店再版。臺北詩藝文出版社出版的《墨人詩詞詩話》創作理論兼備，為「五四」以來詩人、作家所未有者。

▲臺灣商務印書館於民國七十三年七月出版先留英後留美哲學博士程石泉、宋瑞等數十人的評論專集《論墨人及其作品》上、下兩冊。

▲《白雪青山》於民國七十八年（一九八九）由臺北大地出版社第三版。

▲臺北中國詩歌藝術學會於一九九五年五月出版《十三家論文》論《墨人半世紀詩選》。

《紅塵》於民國七十九年（一九九〇）五月由大陸黃河文化出版社出版前五十四章（香港登記、深圳市印行）。大陸因未有書號未公開發行僅供墨人「大陸文學之旅」時與會作家座談時參考。

▲北京中國文聯出版公司於一九九二年十二月出版長篇小說《春梅小史》（易名《也無風雨也無晴》）；一九九三年四月出版《紅樓夢的寫作技巧》。

▲北京中國社會科學出版社於一九九四年出版散文集《浮生小趣》。

▲北京群眾出版社於一九九五年一月出版散文集《小園昨夜又東風》；一九九五年十月京華出版社出版

長篇小說《白雪青山》大陸版，第一版三千冊，一九九七年八月再版一萬冊。

▲長沙湖南出版社於一九九六年一月初出版墨人費時十多年精心修訂批註的《張本紅樓夢》，分上下兩大冊精裝一萬一千套。立即銷完，因未經墨人親校，難免疏失，墨人未同意再版。

Mo Jen's Works

1950 *The Flames of Freedom*（poems）《自由的火焰》

1952 *Lament for My Mother Country*（poems）《哀祖國》

1953 *Glittering Stars*（novel）《閃爍的星辰》

The Last Choice（short stories）《最後的選擇》

1955 *Black Forest*（novel）《黑森林》

The Hindrance（novel）《魔障》

The Rainbow and An Isolated Island（novel）《孤島長虹》（全集中易名爲富國島）

1963 *The spring Ivy and Old Tree*（novelette）《古樹春藤》

1964 *Narcissus*（novelette）《水仙花》

A Typhonic Night（novelette）《颱風之夜》

Ms.Pei Mong-lan（novelette）《白夢蘭》
The Joy of the Whole Family（novel）《合家歡》
Flower Marriage（novelette）《花嫁》
1965 *White Snow and Green Mountain*（novel）《白雪青山》
The Short Story of Miss Chung Mei（novel）《春梅小史》
The Powerless Spring Breeze and Faded Flowers（novel）《東風無力百花殘》(《江水悠悠》)
Flower Blossom in Loyang（novel）《洛陽花似錦》
1966 *The Writing Technique of the Dream of Red Chamber*（literature theory）《紅樓夢的寫作技巧》
Out of The Wild Frontier（novelette）《塞外》
1967 *A Heart-broken Story*（novel）《碎心記》
1968 *Miss Clever*（novel）《靈姑》
Trifle（prose）《鱗爪集》
1969 *The Road to Promotion*（novelette）《青雲路》
1970 *A Sex-change Story*（novelette）《變性記》
The Biography of the Dragon and the Phoenix（novel）《龍鳳傳》
1971 *A Brilliantly lighted Garden*（novel）《火樹銀花》
1972 *My Floating Life*（prose）《浮生記》

Selection of Mo Jen's Poems《墨人詩選》

A Heart-broken Woman（novelette）《斷腸人》

Phoenix Valley（novel）《鳳凰谷》

Mo Jen's Works（five volumes）《墨人自選集》

Selection of Mo Jen's short stores《墨人短篇小說選》

1978 *Hu Han-ming, the Poet and Revolutionist*（novel）《詩人革命家胡漢民》

1979 *The Mokey in the Heart*（i.e. The Purple Swallow renamed）《心猿》

1980 *The Hermit*（prose）《心在山林》

A Collection of Mo Jen's Prose（prose）《墨人散文集》

A Praise to Mountains（poems）《山之禮讚》

1983 *Mountaineer's Remarks*（prose）《山中人語》

1985 *My Candle Burns at Both Ends*（prose）《三更燈火五更雞》

Flower Market（prose）《花市》

1986 *A Mundane World*（novel, four volumes, over 1.9 million words）《紅塵》

1987 *Remarks on All Poems of the Tang Dynasty*（theory）《全唐詩尋幽探微》

1988 *Remarks On All Tsyr*（prose poem）*of the Tang and Sung Dynasties*（theory）《全唐宋詞尋幽探微》

1991 *The Breeze That Came From The East Last Night in My Little garden Again*（prose）《小園昨夜又東風》

1992 *Travel for Literature in Mainland China*（prose）《大陸文學之旅》

1995 *Selection of Mo Jen's Poems, 1992-1994*《墨人半世紀詩選》

1996 *I'll look upon the World*《紅塵心語》

Chang Edition of the Dream of Red Chamber《張本紅樓夢》（修訂批註）

1997 *Cherish thy guests and the Muses*《年年作伴寒窗》

1999 *Saha Shih Gai*《娑婆世界》

1999 *Remarks on All Poems of the sung Dynasties*《全宋詩尋幽探尋》

1999 *Mo Jen's Classical Poems and Prose Poems*《墨人詩詞詩話》

2004 *Poussiere Rouge*《紅塵》法文譯本

墨人博士創作年表（二〇〇五年增訂）

年度	年齡	發表出版作品及重要文學紀錄摘要
民國二十八年己卯（一九三九）	十九歲	在東南戰區《前線日報》發表〈臨川新貌〉。淪陷區著名的上海《大美晚報》隨即轉載。
民國二十九年庚辰（一九四〇）	二十歲	在《前線日報》發表〈希望〉、〈路〉等新詩作品。
民國三十年辛巳（一九四一）	二十一歲	在《前線日報》發表〈評夏伯陽〉書評等文。
民國三十一年壬午（一九四二）	二十二歲	在各大報發表〈苦難的行列〉、〈贛州禮讚〉（長詩）、〈老船夫〉、〈盲歌者〉、〈自己的輓歌〉、〈抹去那怯弱的眼淚吧〉、〈生命之歌〉、〈快樂鳥〉、〈鷂鷹與雲雀〉等詩及散文多篇。
民國三十二年癸未（一九四三）	二十三歲	在各大報發表長詩〈鋤奸隊長〉、〈搜索連長〉、〈遙寄〉、〈寫在第七個七七〉、〈父親〉、〈受難的女神〉、〈城市的夜〉及〈火把〉、〈擊柝者〉、〈橋〉、〈古鐘〉、〈汽笛〉、〈山居〉、〈沙灘〉、〈夜行者〉、〈孤芳〉、〈蚊蟲〉、〈蒼蠅〉、〈園圃〉、〈陽光〉、〈深秋〉、〈贈某詩人兼寫自己〉、〈哀亡命詩人〉、〈自供〉、〈白屋詩抄〉、〈哀歌〉、〈生活〉、〈給偶像崇拜者〉、〈戰書〉、〈燈下獨白〉、〈夜歸〉、〈失眠之夜〉、〈悼〉、〈殘英〉、〈黃昏曲〉、〈補綴〉、〈復活的季節〉、〈擬戀歌〉、〈晨雀〉、〈春耕〉、〈天空的搏鬥〉等長短抒情詩。另發表散文及短篇小說多篇。

民國三十三年甲申（一九三九）	二十四歲	發表〈山城草〉五首及〈沒有褲子穿的女人〉、〈襤褸的孩子〉、〈駝鈴〉、〈無聲的哭泣〉、〈長夜草〉、〈春夜〉、〈擬某女演員〉、〈蛙聲〉、〈麥笛〉等詩及散文多篇。
民國三十四年乙酉（一九四五）	二十五歲	發表〈最後的勝利〉及〈煉獄裏的聲音〉、〈神女〉、〈問〉等長詩與散文多篇。
民國三十五年丙戌（一九四六）	二十六歲	發表〈夢〉、〈春天不在這裡〉等詩及散文多篇。
民國三十六年丁亥（一九四七）	二十七歲	發表〈冬天的歌〉、〈流浪者之歌〉、〈手杖、煙斗〉及長詩〈上海抒情〉等與散文多篇。
民國三十七年戊子（一九四八）	二十八歲	主編軍中雜誌、撰寫時論、均不署名。
民國三十八年己丑（一九四九）	二十九歲	七月渡海抵臺、發表〈呈獻〉、〈瀛妹〉、及長詩〈自由的火燄〉、〈人類的宣言〉等及散文多篇。
民國三十九年庚寅（一九五〇）	三十歲	發表〈站起來、捏死他！〉、〈滾出去、馬立克！〉、〈英國人〉、〈海洋頌〉等詩。出版《自由的火燄》詩集。
民國四十年辛卯（一九五一）	三十一歲	發表〈春晨獨步〉、〈炫與殉〉、〈悼三閭大夫屈原〉、〈詩聯隊〉、〈心靈之歌〉、〈子夜獨唱〉、〈真理、愛情〉、〈友情的花朵〉、〈啊、西風啊！〉、〈歲暮吟〉、〈師生〉、〈往事〉、〈天書〉、〈歷程〉、〈雨天〉、〈火車飛馳在海岸線上〉、〈帶路者〉、〈送第一艦隊出征〉等詩、及〈哀祖國〉長詩。
民國四十一年壬辰（一九五二）	三十二歲	發表〈未完成的想像〉、〈鄰上吟〉、〈窗下吟〉、〈白髮吟〉、〈秋夜輕吟〉、〈秋訊〉、〈渴念、追求〉、〈寂寞、孤獨〉、〈冬眠〉、〈我想把你忘記〉、〈想念〉、〈成人的悲歌〉、〈訴〉、〈詩人〉、〈詩〉、〈貝絲〉、「春天的懷念」五首、〈利颱〉、〈夜雨〉、〈臺灣海峽的霧〉等及散文、短篇小說多篇。出版《哀祖國》詩集。

民國四十二年癸巳（一九五三）	三十三歲	發表〈寄台北詩人〉等詩及散文短篇小說多篇。高雄百成書店出版短篇小說集《最後的選擇》，收入〈蕙玲〉、〈生死戀〉、〈梅蘭馨〉、〈敵人的故事〉、〈最後的選擇〉、〈蔣復成〉、〈姚醫生〉等七篇。大業書店出版長篇小說《閃爍的星晨》一、二兩冊。
民國四十三年甲午（一九五四）	三十四歲	發表〈野菜〉、〈海鷗〉、〈鳳凰木〉、〈流螢〉、〈鸚鵡鳥〉、〈海邊的城〉、〈長夏小唱〉及散文、短篇小說多篇。
民國四十四年乙未（一九五五）	三十五歲	發表〈雲〉、〈F-86〉、〈顯GK〉等詩及散文、短篇小說多篇。香港亞洲出版社出版長篇小說《黑森林》，並獲中華文獎會國父誕辰長篇小說第二獎（第一獎從缺）。
民國四十五年丙申（一九五六）	三十六歲	發表〈四月〉等詩及散文、短篇小說多篇。
民國四十六年丁酉（一九五七）	三十七歲	發表〈月亮〉、〈九月之旅〉、〈雨利花〉等詩及長篇小說《魔障》。
民國四十七年戊戌（一九五八）	三十八歲	暢流半月刊雜誌社出版長篇連載小說《魔障》。
民國四十八年己亥（一九五九）	三十九歲	發表短篇小說、散文多篇。文壇雜誌社出版長篇小說《孤島長虹》（全集中易名為《富國島》）。
民國四十九年庚子（一九六〇）	四十歲	發表〈橫貫小唱〉等詩及散文、短篇小說多篇。
民國五十年辛丑（一九六一）	四十一歲	發表〈熱帶魚〉、〈豎琴〉、〈水仙〉等詩及短篇小說甚多。奧國維也納納書出版公司編選的《世界最佳小說選》選入短篇說〈馬蹄〉，同時入選者有諾貝爾文學獎得主威廉福克納、拉革克菲斯特等世界各國名作家作品。

民國五十一年壬寅（一九六二）	四十二歲	發表〈青鳥〉、〈兩腳獸〉、〈晚會〉、〈祈禱〉等詩及短篇小說甚多。奧國維也納納書出版公司又將短篇小說《小黃》（以江州司馬筆名撰寫者）選入《世界最佳小說選》、同時入選者有諾貝爾獎得主蕭洛霍夫、郭沫若及世界各國名作家作品。
民國五十二年癸卯（一九六三）	四十三歲	香港九龍東方文學出版社出版中篇小說《古樹春藤》。發表短篇小說、散文甚多。
民國五十三年甲辰（一九六四）	四十四歲	香港九龍東方文學社出版短篇小說集《花嫁》，收入〈教師爺〉、〈劉二爹〉、〈二媽〉、〈異鄉人〉、〈花嫁〉、〈扶桑花〉、〈南海屠鮫〉、〈高山曲〉、〈古寺心聲〉、〈誘惑〉、〈隱情〉、〈美珠〉、〈新苗〉、〈心聲淚影〉等十四篇。高雄長城出版社出版中短篇小說集《水仙花》、收入〈水仙花〉、〈銀杏表嫂〉、〈圓房記〉、〈江湖兒女〉、〈天鵝〉、〈賭徒〉、〈搶親〉、〈黃龍〉、〈風雪歸人〉、〈花子老爺〉、〈豐豐寺的隱士〉、〈人與樹〉、〈過客〉、〈阿婆〉、〈馬腳〉、〈小黃〉等十六篇。高雄長城出版社出版中短篇小說集《白夢蘭》。收入〈情敵〉、〈空手〉、〈師生〉、〈斷夢〉、〈黃昏曲〉、〈白夢蘭〉、〈平安夜〉、〈凱塞琳、萊蒙托夫與我〉、〈陽春白雪〉、〈亂世佳人〉、〈傷心之旅〉、〈白衣清淚〉、〈護士與病人〉、〈如夢記〉、〈除夕〉等十五篇。 高雄長城出版社出版《中華日報》連載的二十五萬字長篇小說《白雪青山》。 發表短篇小說、散文甚多。
民國五十四年乙巳（一九六五）	四十五歲	高雄長城出版社出版連載長篇小說《洛陽花似錦》、《春梅小史》、《東風無力百花殘》三部。 發表短篇小說、散文甚多。省政府新聞處出版長篇小說《合家歡》。
民國五十五年丙午（一九六六）	四十六歲	是年五月赴馬尼拉華僑文教講習會講授「紅樓夢的寫作技巧」及新詩課程一個月。商務印書館出版文學理論專著《紅樓夢的寫作技巧》、全書共十五萬字。商務印書館出版中短篇小說集《塞外》。收入〈塞外〉、〈鬍子〉、〈百合花〉、〈天山風雲〉、〈白金龍〉、〈白狼〉、〈秋爾紫鵑〉、〈醫萬秋的衣缽〉、〈半路夫妻〉、〈百鳥聲喧〉、〈風竹與野馬〉、〈美人計〉、〈夜襲〉、〈花燭劫〉等十四篇。

民國五十六年丁未（一九六七）	四十七歲	小說創作社出版連載長篇小說《碎心記》。發表短篇小說、散文甚多。
民國五十七年戊申（一九六八）	四十八歲	小說創作社出版《中華日報》連載長篇小說《鐵姑》。水牛出版社出版散文集《鱗爪集》、收入〈家鄉的魚〉、〈家鄉的鳥〉、〈雪天的懷念〉、〈秋山紅葉〉、〈學問與創作之間〉等散文七十六篇、舊詩三首。
民國五十八年己酉（一九六九）	四十九歲	商務印書館出版中短篇小說集《青雲路》。收入〈世家子弟〉、〈青雲路〉、〈空槍記〉、〈久香〉等四篇。
民國五十九年庚戌（一九七〇）	五十歲	商務印書館出版中短篇小說集《變性記》。收入〈變性記〉、〈嬌客〉、〈歲寒圖〉、〈泥龍〉、〈祖孫父子〉、〈秋風落葉〉、〈老夫老妻〉、〈恩愛夫妻〉、〈布販與偷雞賊〉、〈芳鄰〉、〈沙漠王子〉、〈沙漠之狼〉、〈世界通先生〉、〈寶珠的祕密〉、〈奇緣〉等十五篇。幼獅文化事業公司出版長篇小說《龍鳳傳》。臺北立志出版社出版長篇《火樹銀花》出版全集時易名《同是天涯淪落人》。
民國六十年辛亥（一九七一）	五十一歲	立志出版社出版長篇小說《火樹銀花》。發表散文多篇及在高雄《新聞報》連載長篇小說《紫燕》。
民國六十一年壬子（一九七二）	五十二歲	闢道出版社出版散文集《浮生集》。收入〈文藝的危機〉、〈貝克特高風〉、〈五十年華〉等散文十三篇、舊詩六首。學生書局出版短篇小說散文合集《斷腸人》。收入短篇小說〈斷腸人〉、〈薇薇〉、〈相見歡〉、〈滄桑記〉、〈恩怨〉、〈夜宴〉等七篇及散文〈文學系與文學創作〉、〈大學國文教學我見〉、〈作家之死〉等十五篇。中華書局出版《墨人自選集》五大冊。包括長篇小說《白雲青山》、《鐵姑》、《鳳凰谷》、《江水悠悠》（《東風無力百花殘》易名）及《短篇小說、詩選》（精選短篇小說二十八篇、抒情詩一〇六首）、共一百五十萬字。
民國六十二年癸丑（一九七三）	五十三歲	發表散文多篇。列入英國劍橋國際傳記中心（International Biographical Centre Cambridge England）出版的《國際詩人名錄》（*International Who's Who in Poetry, 1973*）。

民國六十三年甲寅（一九七四）	五十四歲	出席第二屆世界詩人大會。 發表散文多篇。
民國六十四年乙卯（一九七五）	五十五歲	列入正中書局出版的《中華民國文藝史》（1975）。發表〈臺北的黃昏〉新詩一首及散文多篇。
民國六十五年丙辰（一九七六）	五十六歲	列入英國劍橋國際傳記中心出版的 *Men of Achievement. 1976* 發表〈歷史的會晤〉新詩及散文、短篇小說多篇。
民國六十六年丁巳（一九七七）	五十七歲	應 I.B.C 邀請於三月間赴義大利翡冷翠出席國際文藝交流大會（The 3rd I.B.C. International Congress on Arts and Communications）。會後環遊世界。發表〈羅馬之豔〉、〈羅馬之松〉、〈翡冷翠的女郎〉、〈翡冷翠之柳〉、〈塞納河〉等詩及羅馬掠影」、〈單城記〉、〈威尼斯之旅〉、〈藝術之都翡冷翠〉、〈西雅奈與比薩斜塔〉、〈美國行〉、〈江戶、皇宮、御苑〉、〈環球心影〉等遊記。 在《中國時報》發表有關中國文化論文〈中國文化的三條根〉、在《新生報》發表〈文藝界的『洋』癲癇〉等多篇。
民國六十七年戊午（一九七八）	五十八歲	近代中國社出版長篇傳記小說《詩人革命胡漢民傳》。 列入英國劍橋國際傳記中心出版的《國際名人辭典》（*Dictionary of International Biogaphy. 1978*）。《國際知識分子名錄》(*International Who's Who of Intellectual. 1978*、《國際人名剪影》 *International Register of Profiles*）、《國際社會名人錄》（*International Who's Who in Community Service*）、發表〈六月之荷〉詩一首。 在各報發表〈中國文化的宇宙觀〉、〈中國文化的真面目〉、〈文化、社會形態與當代文學創作（為亞洲文學會議而作）〉、〈人與宇宙自然法則〉等。 出席亞洲文學會議。　列入中華書局出版的《中華民國當代名人錄》(*Who's Who of R.O.C. 1978*）　列入行政院新聞局編印的一九七八年英文《中華民國年鑑名人錄》（*China Yearbook Who's Who*）。

民國六十八年己未（一九七九）	五十九歲	學人文化事業有限公司出版長篇小說《心猿》（《紫燕》易名）。發表短篇小說〈春〉、〈杏林之春〉、長詩〈亞吉米・卡特〉及〈山之禮讚〉五首。短篇〈客從故鄉來〉、〈人瑞〉。理論〈中國古典小說戲劇〉、〈抗戰文學的整理與再創作〉（《中央日報》）等多篇。
民國六十九年庚申（一九八〇）	六十歲	秋水詩刊社出版詩集《山之禮讚》、收集六十四年以後新詩四十四首及七言絕律詩十首。　中華日報社出版散文集《心在山林》、收集〈花甲聲中過〉、〈老當益壯〉、及抒情寫景散文數十篇。臺中學人文化事業出版有限公司出版《墨人散文集》收集〈文化、社會形態與當代文學創作〉、〈人與宇宙自然法則〉、〈中國文化的三條根〉、〈宇宙爲心人爲本〉、〈文藝界的『洋』癲癇〉等理論性散文數十篇。在《中央日報・副刊》發表〈紅樓夢研究的正確方向〉、《中華日報・副刊》發表〈人生六十樹常青〉、《青年戰士報・新文藝副刊》發表〈山中人語〉專欄文章〈山水之間〉、〈生命長短價值觀〉、〈寶刀未老〉、〈七進七出鬼門關〉、〈報人甘苦〉、〈杏壇生涯〉等。接受《大華晚報》採訪組副主任程榕寧兩次訪問，一爲談胡漢民生平、一爲談《易經》、《道德經》、命學、並發表〈醫學命學與人生〉專文。
民國七十年辛酉（一九八一）	六十一歲	繼續撰寫〈山中人語〉專欄。應臺中市《自由日報》特約撰寫《浮生小記》專欄。應行政院新聞局邀請參觀本省農漁畜牧事業單位、並在《中央日報》發表〈人在福中〉散文。接受臺灣廣播公司《成功之路》節目訪問、於四月廿七日晚八時半播出。在高雄《新聞報》發表〈撥亂反正說紅樓〉（六月十七、十八日）論文。
民國七十一年壬戌（一九八二）	六十二歲	九月赴漢城出席第二屆中韓作家會議、並在東京參加中日作家會議、曾暢遊南韓、北海道、大阪至東京名勝地區、歸後撰寫〈韓國掠影〉、〈秋遊北海道〉、發表於《中央日報》。列入中華民國名人傳記中心出版的《中華民國現代名人錄》。

		列入英國劍橋國際傳記中心出版的《傑出男女傳記》（*Men and Women of Distinction*）並附照片。 列入美國 MarQuis 公司出版的《世界名人錄》（*Who's Who in the World*）第六版。 接受義大利藝術大學授予的文學功績證書。
民國七十二年癸亥（一九八三）	六十三歲	商務印書館出版散文集《山中人語》，收集散文七十篇。
民國七十三年甲子（一九八四）	六十四歲	商務印書館出版《論墨人及其作品》上、下兩冊，包括評論文章六十餘篇。 列入義大利 Accademia Itlia 出版英、法、德、義四種文字的《國際文學史》（*The History of International Literature*）及《百科全書：當代人物（*The Encyclopadeia: Contemporary Personalities*）。 端午節（六月四日）開筆撰寫已構思準備十餘年的一百餘萬字的大長篇小說《紅塵》，年底完成初稿四十餘萬字。 十月在韓國漢城舉行的第四屆中韓作家會議，事忙未能出席，但提出一萬餘字的論文〈古典與現代〉一篇。
民國七十四年乙丑（一九八五）	六十五歲	由江山出版社出版《三更燈火五更雞》、《花市》散文集等兩本，前者收入散文、理論二十四篇，後者收入散文遊記二十七篇。 八月一日退休，專心寫作《紅塵》，於十二月底完成九十二章，告一段落，共一百二十萬字，超出《紅樓夢》十餘萬字，內有絕律詩（聯）三十一首。
民國七十五年丙寅（一九八六）	六十六歲	年初開始研讀《全唐詩》，撰寫《全唐詩尋幽探微》，十一月完成，共十二萬餘字，一面在《新聞報・西子灣》發表，並連同歷年所作絕律詩三十七首，定名為《墨人絕律詩集》，一併交與臺灣商務印書館簽約出版。 列入美國 A.B.I. 出版的 5000 Personalities of the World；英國 I.B.C. 出版的 *The International Authors and Writers Who's Who.*

民國七十六年丁卯（一九八七）	六十七歲	訪問考察東南亞地區、國家馬來西亞、新加坡、泰國、菲律賓、香港十七天，並出席多次座談會。商務印書館出版《全唐詩尋幽探微》（附《墨人絕律詩集》）。《紅塵》長篇小說於三月五日開始在《臺灣新生報》連載。七月四、五日出席在臺北市召開的抗戰文學研討會。八月一日出席在高雄市召開的第七屆中韓作家會議。
民國七十七年戊辰（一九八八）	六十八歲	元月二日完成《全唐宋詞尋幽探微》（附《墨人詩餘》）全書十六萬字。設於美國深受世界尊重的「國際大學基金會」（The Marguis Giuseppe Scicluna 1855-1907 International University Foundation）（Founded 1973）授予榮譽文學博士學位。
民國七十八年己巳（一九八九）	六十九歲	臺灣商務印書館出版《全唐宋詞尋幽探微》。臺北大地出版社三版長篇小說《白雪青山》。世界大學（World University）授予榮譽文學博士學位。
民國七十九年庚午（一九九〇）	七十歲	五月應大陸黃河文化實業公司邀請，作四十天文學之旅，與北京、上海、杭州、九江、武漢、西安、蘭州等地作家座談中華文化、文學創作，坦誠交換意見，獲得一致共識，真摯友情與尊敬，廣州電視臺並全程錄影，製作專輯播出，六月底返臺後即撰寫《大陸文學之旅》專著。艾因斯坦國際學院基金會（Albert Einstein 1879-1955 International Academy Foundation）授予榮譽人文學博士學位。榮列英國劍橋國際傳記中心出版的 IBC Book of Dedications，占全書篇幅五頁，刊登照片五張，介紹五十年創作生涯，十分翔實，篇幅之大，爲全書冠，並禮聘爲 IBC 副總裁。
民國八十年辛未（一九九一）	七十一歲	二月底新生報出版《紅塵》，二十五開本，上、中、下三鉅冊。黎明文化事業公司出版《小園昨夜又東風》散文集。應香港廣大學院禮聘爲中國文學研究所客座指導教授。《紅塵》榮獲新聞局著作金鼎獎及嘉新優良著作獎。

民國八十一年壬申（一九九二）	七十二歲	文史哲出版社出版《大陸文學之旅》。 應聘香港廣大學院中研所客座指導教授。 一月五日開筆寫《紅塵續集》，自九十三章起至一百二十章止，共四十萬字，六月十日完稿，《紅塵》全書共一百九十萬字。續集自十二月一日開始在《臺灣新生報．副刊》連載近年，雙破長篇鉅著及連載紀錄。中國廣播公司《中廣小說選播》節目，亦於十二月一日十四時三十分，在AM657千赫第一廣播網開始播出長篇鉅著《紅塵》上、中、下三冊，由戴愛華小姐導播，集該公司播音精英，通力合作，龍老夫人一角由播音元老白銀飾演，其餘人物均為一時之選，效果奇佳，前所未有。　北京「中國文聯出版公司」出版《也無風雨也無晴》。 墨人故鄉九江《師專學報》，於本年起開闢《墨人研究》專欄，與《陶淵明研究》、《黃山谷研究》，並稱三大專欄，甚受教育、學術界重視。
民國八十二年癸酉（一九九三）	七十三歲	十月下旬，偕《秋水》詩刊同仁涂靜怡、雪柔、麥穗、汪洋萍、風信子、林蔚穎等為慶祝《秋水》創刊二十周年，訪問哈爾濱、北京、西安三大都市，與當地詩人座談交流，水乳交融，兩岸詩人因而建立深厚友誼。十一月初，隻身訪問昆明，探親，昆明作協主席曉雪、八十多歲老作家李喬、小說家張昆華，《春城晚報》副總編輯熊廷武，副刊主編原因，理論家教授余斌，作家湯世傑、李錦華等集會歡迎，其中多為白族、彝族等少數民族作家，乃以雲南少數民族文化資源努力創作相勉，深獲共鳴。資深作家彭荊風、晚間並來下榻處暢談。 繼續應聘香港廣大學院中研所客座指導教授三年。 十二月新生報社出版《紅塵續集》，全書共四大冊，其實前後一貫，為一整體，該報為方便，乃以《續集》名之。一生心願心血得以完成，在輕、薄、短、小及商品文學獨占市場情況下，亦一大異數。北京「中國文聯出版公司」出版《紅樓夢的寫作技巧》。

民國八十三年甲戌（一九九四）	七十四歲	一月開始研讀自北京購回的《全宋詩》、擬續寫《全宋詩尋幽探微》。四月十一日接受臺北復興廣播電臺《名人尊訪》節目主持人裴雯小姐訪問：談一生寫作歷程及大長篇《紅塵》寫作經過。臺北《世界論壇報》副社長兼副刊主編詩人評論家周伯乃先生、特自五月三十一日起一連三天出版特刊、慶祝七十晉五誕辰暨創作五十五周年、除刊出〈小傳〉、〈七五人生一首詩〉、〈中國新詩與傳統詩詞的整合〉、〈叩開生命之門〉三篇新作外、並刊出蒙古族女詩人作家薩仁圖婭的〈墨人：屈原血脈中華魂〉、及馬來西亞霹靂州立女子中學校長、詩詞家、散文作家彭士麟女士論《紅塵》與大陸作家作品比較的書信、墨人著作校長、詩詞家、散文作家彭士麟女士論《紅塵》與大陸作家作品比較的書信、墨人著作目錄、美國兩個榮譽文學博士、一個人文學博士照片三張、《紅塵》獲獎照片一張、及周伯乃〈無限的祝禱〉文等。八月七日，中國時報系的《工商日報・讀書版・大書坊》刊出蓓齡的《紅塵》墨人尊訪文章、並配合攝影記者何日昌拍攝的墨人及《紅塵》四冊照片。大陸廣州暨南大學中文系教授兼臺港暨海外華文文學研究中心主任、評論家潘亞暾、費時月餘撰寫《紅塵續集》論文達一萬餘字的〈偉大史詩的歸結〉、於九月二十一至二十五日在臺北市《世界論壇報・副刊》全文刊出、見解不凡、對《續集》的成功更使他大吃一驚、因此、更肯定《紅塵》的史詩價值、地位。八月二十八日第十五屆世界詩人大會在臺北召開、僅提出〈中國新詩與傳統詩詞的整合〉論文一篇、並未出席、論文則由《中國詩刊》主編曾美霞女士代讀。
民國八十四年乙亥（一九九五）	七十五歲	一月、臺北文史哲出版社出版《墨人半世紀詩選》（一九四三—一九九四）。一月十日應臺北廣播電臺《藝文夜話》主持人宋英小姐訪問、許導播秀玲決定十日開播《紅塵》全書四冊、每日廣播兩次。中國詩歌藝術學會主辦，中國文藝協會協辦，於五月二十二日在臺北市中國文藝協會舉行《墨人半世紀詩選》學術研討會、與會詩人、評論家六十餘人、討論情況熱烈、並印發海峽兩岸評論家王常新、古繼堂、古遠清、李春生、楊允達、周伯乃等十三家論文專集。各家均推崇、肯定新舊詩兩方面的成就與半個多世紀的貢獻。

		英國劍橋國際傳記中心頒贈二十世紀文學傑出成就獎。 榮列一九九五年英國劍橋國際傳記中心出版的 The Definitive Book of the Deputy Directors General of the IBC, 佔全書篇幅五頁，刊登照片五張，為全書之冠。
民國八十五年丙子（一九九六）	七十六歲	臺北圓明出版社出版涵蓋儒、釋、道三家思想的散文集《紅塵心語》。卷首有珍貴的文學照片十餘張。 臺北中國詩歌藝術學會出版《十三家論文》論《墨人半世紀詩選》。
民國八十六年丁丑（一九九七）	七十七歲	臺北中天出版社出版與《紅塵心語》為姊妹集的散文集《年年作客伴寒窗》，各篇亦均以五、七言詩作題，內中作者詩詞亦多，並附錄珍貴文學資料訪問記、特寫、著作目錄等十餘篇。出任「乾坤」詩刊顧問，並主編該刊古典詩詞。 完成《墨人詩詞詩話》、《全宋詩尋幽探微》兩書全文。
民國八十七年戊寅（一九九八）	七十八歲	構思六年的以佛學精義結合修行心得化為文學創作的長篇小說《娑婆世界》，於三月二十八日開筆，十二月脫稿。共三十八章，五十多萬字。 英國劍橋國際傳記中心（IBC）出版《二十世紀傑出人物》以照片配合文字將墨人傳記刊卷首重要位置，並頒發獎狀。大陸中國國際經濟文化交流促進會、燕京國際文化藝術研究會等七大單位編纂出版的《世界華人文學藝術界名人錄》、中國國際交流出版社出版的《世界名人錄》，均為十六開巨型中文本。
民國八十八年己卯（一九九九）	七十九歲	本年為來臺五十周年、創作六十周年、中國習俗八十歲，昭明出版社出版長篇小說《娑婆世界》。 美國傳記學會（ABI）出版二十世紀《五百位有影響力的領袖》，以照片配合文字將墨人傳記刊於卷首重要位置並頒發獎狀。照片及詩詞五首編入中國《當代吟壇》巨著。　美國「世界智庫」與艾因斯坦國際學會基金會」聯合頒贈墨人傑出成就榮譽獎，以紀念千禧年，並榮列中國出版的《中華精英大全》。 美國傳記學會頒贈墨人「二十世紀成就獎」。

民國八十九年庚辰（二〇〇〇）	八十歲	臺北昭明出版社陸續出版定本長篇小說《白雪青山》、《滾滾長江》、《春梅小史》；文學理論《紅樓夢的寫作技巧》，連同民國八十八年出版的長篇小說《娑婆世界》，並列為墨人一系列代表作品，以慶祝墨人八十整壽。臺北詩藝文出版社出版《墨人詩詞詩話》。臺北文史哲出版社出版《全宋詩尋幽探微》。
民國九十年辛巳（二〇〇一）	八十一歲	臺北昭明出版社出版長篇小說定本《紅塵》全書六冊及長篇小說《紫燕》定本。
民國九十一年壬午（二〇〇二）	八十二歲	五月三日偕長子選翰赴上海訪友小住。英國劍橋國際傳記中心授予「終身成就獎」。
民國九十二年癸未（二〇〇三）	八十三歲	八月偕夫人及在臺子女四人經上海轉往故鄉九江市掃墓探親並遊廬山。
民國九十三年甲申（二〇〇四）	八十四歲	準備出版全集（經臺北榮民總醫院檢查無任何疾病。）巴黎 you-Feng 書局出版豪華典雅法文本《紅塵》。
民國九十四年乙酉（二〇〇五）	八十五歲	此後五年不遠行，以防交通意外，準備資料。計劃百歲前開筆撰寫新長篇小說。北京「中央出版社」出版《強國丰碑》，以著名文學家張萬熙為題刊出墨人傳略，為臺灣及海外華人作家唯一入選者。並先後接到北京電話、書函邀請寄送資料編入《一代名家》、《中華文化藝術名家名作世界傳播錄》。
民國九十五年丙戌（二〇〇六）至民國一百年（二〇一一）——	八十六歲至九十二歲——	重讀重校全集、已與臺北市文史哲出版社簽訂出版《墨人博士作品全集》合約、民國一百年年內可以出版。此為「五四」以來中國大陸與臺灣所未有者。